KLEINE BETTLEKTÜRE FÜR EINE GUTE FREUNDIN

Kleine Bettlektüre für eine gute Freundin

Scherz

AUSGEWÄHLT VON
ILSE WALTER

Scherz Verlag, Bern München Wien

Einbandgestaltung: Bernd und Christel Kaselow, München, unter Verwendung einer Illustration von Tilman Michalski

INHALT

JOHANN HEINRICH PESTALOZZI

Freundschaft

Mädchen, ich weihe dein Blatt der Freundschaft und nicht der Liebe. Alles liebt sich eine Weile, und alles wird wieder eine Weile geliebt; Jünglinge und Mädchen, Knaben und Männer, Frauen und Töchter lieben sich Stunden und Tage; jeder Reiz bringt dir einen Arm her, der dich umschlingt, und einen Mund, der dich küßt, und jede Laune verbindet zur Liebe. Aber sie ist ein bloßer nichtiger Sommertraum, du erwachst in ihrem Genuß einige schöne Morgen und bist ihre Tage über selig; aber sie dauern nicht lange, schnell eilen die herbstlichen Tage hinzu, deine Träume verschwinden, und du bist bei deinem Erwachen minder glücklich.

Darum lobe ich die Freundschaft, sie ist nicht vorübergehend wie die Träume des Sommers, sie ist wie ein Fels, auf dem ein Haus steht.

Wer einen Freund hat, der hat alle seine Kräfte gedoppelt, er besitzt alles und gibt alles, er teilt seine Leiden, er teilt seine Freuden; was er mitteilt, besitzt er dennoch, und was er empfängt, nimmt er dem Freund nicht.

Freundschaft ... die Liebe reift zu diesem Ziel, wenn zwei Herzen sich finden, die in keinem

Schatten sich stoßen, Menschen, die über Hügel und Berge, über Stauden und Stöcke, durch Dikkicht und Sümpfe sich Fuß halten und gleichen Schritt wandeln können.

JOHANN WOLFGANG VON GOETHE

Die kluge Frau

Ein junger Landmann pachtete einen ansehnlichen Gasthof, der sehr gut gelegen war. Von den Eigenschaften, die zu einem Wirte gehören, besaß er vorzüglich die Behaglichkeit, und weil es ihm von Jugend auf in den Trinkstuben wohl gewesen war, mochte er wohl hauptsächlich ein Metier ergriffen haben, das ihn nötigte, den größten Teil des Tages darin zuzubringen. Er war sorglos, ohne Liederlichkeit, und sein Behagen breitete sich über alle Gäste aus, die sich bald häufig bei ihm versammelten.

Er hatte eine junge Person geheiratet, eine stille leidliche Natur. Sie versah ihre Geschäfte gut und pünktlich, sie hing an ihrem Hauswesen, sie liebte ihren Mann; doch mußte sie ihn bei sich im stillen tadeln, daß er mit dem Gelde nicht sorgfältig genug umging. Das bare Geld nötigte ihr eine gewisse Ehrfurcht ab, sie fühlte ganz den Wert desselben sowie die Notwendigkeit, sich überhaupt in Besitz zu setzen, sich dabei zu erhalten. Ohne eine angeborene Heiterkeit des Gemüts hätte sie alle Anlagen zum strengen Geize gehabt. Doch ein wenig Geiz schadet dem Weibe nichts, so übel sie die Verschwendung kleidet.

Freigebigkeit ist eine Tugend, die dem Mann ziemt, und Festhalten ist die Tugend eines Weibes. So hat es die Natur gewollt, und unser Urteil wird im ganzen immer naturgemäß ausfallen.

Margarethe, so will ich meinen sorglichen Hausgeist nennen, war mit ihrem Manne sehr unzufrieden, wenn er die großen Zahlungen, die er manchmal für aufgekaufte Fourage von Fuhrleuten und Unternehmern erhielt, aufgezählt, wie sie waren, eine Zeitlang auf dem Tische liegen ließ, das Geld alsdann in Körbchen einstrich und daraus wieder ausgab und auszahlte, ohne Pakete gemacht zu haben, ohne Rechnung zu führen. Verschiedene ihrer Erinnerungen waren fruchtlos, und sie sah wohl ein, daß, wenn er auch nichts verschwendete, manches in einer solchen Unordnung verschleudert werden müsse. Der Wunsch, ihn auf bessere Wege zu leiten, war so groß bei ihr, der Verdruß, zu sehen, daß manches, was sie im kleinen erwarb und zusammenhielt, im großen wieder vernachlässigt wurde und auseinander floß, war so lebhaft, daß sie sich zu einem gefährlichen

Versuch bewogen fühlte, wodurch sie ihm über die Lebensweise die Augen zu öffnen gedachte. Sie nahm sich vor, ihm soviel Geld als möglich aus den Händen zu spielen, und zwar bediente sie sich dazu einer sonderbaren List.

Sie hatte bemerkt, daß er das Geld, das einmal auf dem Tische aufgezählt war, wenn es eine Zeitlang gelegen hatte, nicht wieder nachzählte, ehe er es aufhob; sie bestrich daher den Boden eines Leuchters mit Talg und setzte ihn mit einem Schein von Ungeschicklichkeit auf die Stelle, wo die Dukaten lagen, eine Geldsorte, der sie eine besondere Freundschaft gewidmet hatte. Sie erhaschte ein Stück und nebenbei einige kleine Münzsorten und war mit ihrem ersten Fischfange wohl zufrieden; sie wiederholte diese Operation mehrmals und ob sie sich gleich über ein solches Mittel zu einem guten Zweck kein Gewissen machte, so beruhigte sie sich doch über jeden Zweifel vorzüglich dadurch, daß diese Art der Entwendung für keinen Diebstahl angesehen werden könne, weil sie das Geld nicht mit den Händen weggenommen habe. So vermehrte sich nach und nach ihr heimlicher Schatz, und zwar um desto reichlicher, als sie alles, was bei der innern Wirtschaft von barem Gelde ihr in die Hände floß, auf das strengste zusammenhielt.

Schon war sie beinahe ein ganzes Jahr ihrem Plane treu geblieben und hatte indessen ihren

Mann sorgfältig beobachtet, ohne eine Veränderung in seinem Humor zu spüren, bis er endlich auf einmal höchst übler Laune ward. Sie suchte ihm die Ursache dieser Veränderung abzuschmeicheln und erfuhr bald, daß er in großer Verlegenheit sei. Es hätten ihm nach der letzten Zahlung, die er an Lieferanten getan, seine Pachtgelder übrigbleiben sollen; sie fehlten aber nicht allein völlig, sondern er habe sogar die Leute nicht ganz befriedigen können. Da er alles im Kopf rechne und wenig auffschreibe, so könne er nicht nachkommen, wo ein solcher Verstoß herrühre.

Margarethe schilderte ihm darauf sein Betragen, die Art, wie er einnehme und ausgebe, den Mangel an Aufmerksamkeit; selbst seine gutmütige Freigebigkeit kam mit in Anschlag, und freilich ließen ihn die Folgen seiner Handlungsweise, die ihn so sehr drückten, keine Entschuldigung aufbringen.

Margarethe konnte ihren Gatten nicht lange in dieser Verlegenheit lassen, um so weniger, als es ihr so sehr zur Ehre gereichte, ihn wieder glücklich zu machen. Sie setzte ihn in Verwunderung, als sie zu seinem Geburtstag, der eben eintrat, und an dem sie ihn sonst mit etwas Brauchbarem anzubinden pflegte, mit einem Körbchen voll Geldrollen ankam. Die verschiedenen Münzsorten waren besonders gepackt, und der Inhalt jedes Röllchens war, mit schlechter Schrift, jedoch sorgfältig, darauf gezeichnet. Wie erstaunte nicht der Mann, als er beinahe die Summe, die ihm fehlte, vor sich sah und die Frau ihm versicherte, das Geld gehöre ihm zu. Sie erzählte darauf umständlich, wann und wie sie es genommen, was sie ihm entzogen, und was durch ihren Fleiß erspart worden sei. Sein Verdruß ging in Entzücken über, und die Folge war, wie natürlich, daß er Ausgabe und Einnahme der Frau völlig übertrug, seine Geschäfte vor wie nach, nur mit noch größerem Eifer, besorgte, von dem Tage an aber keinen Pfennig Geld mehr in die Hände nahm. Die Frau verwaltete das Amt eines Kassierers mit großen Ehren: kein falscher Laubtaler, ja kein verrufener Sechser ward angenommen, und die Herrschaft im Hause war, wie billig, die Folge ihrer Tätigkeit und Sorgfalt, durch die sie nach Verlauf von zehn Jahren sich in den Stand setzte, den Gasthof mit allem, was dazu gehörte, zu kaufen und zu behaupten.

GUY DE MAUPASSANT

Rose

Es sieht aus, als wären die beiden jungen Frauen unter einer dichten Blumendecke begraben. Sie sitzen allein in dem großen Landauer, der wie ein Riesenkorb mit Blumen vollgeladen ist. Auf dem Vordersitz stehen zwei weißseidene Körbchen voller Veilchen aus Nizza, und auf dem Bärenfell, das über ihre Knie gebreitet ist, liegen ganze Haufen von Rosen, Mimosen, Levkojen, Margeriten, Tuberosen und Orangenblüten, mit schmalen Seidenbändern zusammengebunden, daß es aussieht, als würden die beiden zarten Frauen erdrückt. Aus dem bunten, duftenden Bett ragen nur Schulter und Arme und ein Stück des Oberleibs hervor, blau bei der einen und lila bei der anderen.

Die Peitsche des Kutschers ist mit Anemonen umwunden, die Zugstränge der Pferde sind mit Goldlack besteckt, die Radspeichen mit Reseda verkleidet, und statt der Laternen leuchten zwei riesige runde Blumensträuße wie die beiden seltsamen Augen dieses rollenden, blütenüberwachsenen Tieres.

Der Landauer fährt in raschem Trab durch die Straße, die Rue d'Antibes; voraus, hintennach und links und rechts von ihm fahren mit Girlanden geschmückte Wagen voll Frauen, die unter einer Flut von Veilchen verschwinden. Denn man feiert das Blumenfest von Cannes.

Nun gelangt der Wagen zum Boulevard de la Foncière, wo die Blumenschlacht stattfindet. In der ganzen Länge der endlosen Avenue wogt eine doppelte Reihe blumenbekränzter Kutschen hin und her wie ein Band, das kein Ende hat. Von einer Seite dieser langen Wagenreihe zur anderen wirft man sich Blumen zu. Sie fliegen wie Bälle durch die Luft, treffen die jugendfrischen Gesichter, überschlagen sich und fallen in den Staub, wo ein ganzes Heer von Straßenjungen sie aufliest.

Eine dichtgedrängte Menge steht Kopf an Kopf längs der Trottoirs und schaut lärmend oder auch ruhig zu. Berittene Gendarmen halten sie zusammen; sie reiten rücksichtslos dicht an den Leuten entlang und treiben die schaulustigen Fußgänger zurück, als wollten sie dem gemeinen Volk nicht erlauben, sich unter die Reichen zu mischen.

Die Herrschaften in den Kutschen rufen einander zu, erkennen sich und bewerfen sich mit Rosen. Ein Wagen, voll mit hübschen Frauen, die rot wie Teufel gekleidet sind, zieht alle Blicke auf sich und bezaubert die Zuschauer. Ein Herr, der aussieht wie ein lebendig gewordenes Bildnis Heinrichs IV., schleudert mit übermütigem Eifer ein riesiges Bukett, das an einem Gummiband befestigt ist. Vor dem drohenden Wurf halten die Damen die Hände vor die Augen, die Männer ducken sich, doch das graziöse Wurfgeschoß beschreibt rasch und gelehrig einen Bogen und kehrt zu seinem Herrn zurück, der es alsbald einem neuen Opfer zuwirft.

Die beiden jungen Frauen verschießen mit vollen Händen ihren Vorrat an Sträußchen, bis nichts mehr da ist, und erhalten dafür einen Hagel von Blumen. So dauert die Schlacht gut eine Stunde; dann werden sie ein bißchen müde und befehlen dem Kutscher, die Landstraße zum Golfe Juan einzuschlagen, die am Meer entlangführt.

Die Sonne verschwindet hinter dem Esterel und zeichnet auf feuerrotem Himmel tiefschwarz die gezackte Silhouette des langgestreckten Gebirges ab. Das ruhige Meer dehnt sich blau und klar bis zum Horizont hin, wo es sich mit dem Himmel vermischt, und das Geschwader, das mitten im Golf vor Anker liegt, sieht aus wie eine Herde unförmiger Tiere, die regungslos auf dem Wasser schwimmen wie gepanzerte, höckerige apokalyptische Gebilde, mit Masten, zerbrechlich wie Federn, besteckt und mit Augen, die aufleuchten, wenn die Nacht hereinbricht.

Die jungen Frauen, wohlig unter der schweren Pelzdecke ausgestreckt, schauen matt und unbeteiligt darauf hinab. Endlich sagt die eine: «Welch köstliche Abende es doch gibt! Alles scheint dann gut. Findest du nicht auch, Margot?»

«Ja, alles ist gut», erwiderte die andere. «Aber, etwas fehlt immer.»

«Was denn? Ich fühle mich ganz glücklich. Mir fehlt nichts.»

«Doch. Du denkst bloß nicht daran. Wie groß auch das Wohlgefühl sein mag, das unseren Körper empfindungslos macht, wir sehnen uns doch stets nach etwas, das uns abgeht ... etwas für das Herz.» Und die andere fragte lächelnd: «Ein bißchen Liebe?»

«Ja.»

Sie schwiegen beide wieder und schauten vor sich hin; dann murmelte die eine, die Marguerite hieß:

«Das Leben scheint mir ohne das unerträglich. Ich brauche Liebe, wäre es auch nur die Liebe eines Hundes. Übrigens sind wir Frauen alle so, was du auch sagen magst, Simone.»

«Nein, nein, meine Liebe. Ich will lieber gar nicht geliebt werden als von irgendwem. Glaubst du, es wäre mir angenehm, zum Beispiel geliebt zu werden ... von ... von ...»

Sie dachte nach, wer sie wohl lieben könnte, und ihre Blicke schweiften über die weite Landschaft hin. Als ihre Augen den ganzen Horizont ringsum abgesucht hatten, fielen sie auf die beiden blitzenden Metallknöpfe am Rücken des Kutschers, und sie fuhr lachend fort: «Von meinem Kutscher.»

Madame Margot lächelte kaum und sagte leise:

«Ich versichere dir, es ist sehr spaßig, von einem Bedienten geliebt zu werden. Das ist mir zwei- oder dreimal passiert. Sie rollen dann so komisch die Augen, daß man vor Lachen fast umkommt. Natürlich zeigt man sich um so strenger, je verliebter sie sind, dann setzt man sie eines Tages unter dem erstbesten Vorwand vor die Tür, weil man ja lächerlich würde, wenn es jemandem auffallen sollte.»

Madame Simone blickte starr vor sich hin und hörte ihr wortlos zu, dann erklärte sie:

«Nein, entschieden, am Herzen meines Dieners fände ich keine Genüge. Erzähl mir doch, wieso du darauf gekommen bist, daß sie dich liebten.»

«Das merkte ich wie bei den anderen Männern: wenn sie blöde wurden.»

«Mir kommen die andern nicht so dumm vor, wenn sie mich lieben.»

«Völlig verblödet, meine Liebe, außerstande, ein Gespräch zu führen, vernünftig zu antworten, überhaupt etwas zu begreifen.»

«Und wie war denn dir dabei zumute, wenn dich ein Diener liebte? Wie warst du? ... Erregt? Geschmeichelt?»

«Erregt – nein. Geschmeichelt – ja, ein wenig. Die Liebe eines Mannes, er sei, wer er wolle, schmeichelt uns ja immer.»

«Oh, Margot, hör doch auf!»

«Doch, meine Liebe. Paß auf, ich will dir ein seltsames Erlebnis erzählen, das ich einmal hatte. Du wirst sehen, wie sonderbare und verworrene Vorgänge sich bei solchen Gelegenheiten in unserem Innern abspielen.

Es wird im Herbst vier Jahre her sein, da war ich einmal ohne Kammerzofe. Ich hatte nacheinander fünf oder sechs Mädchen versuchsweise eingestellt, aber sie taugten alle nichts, und ich hatte schon jede Hoffnung aufgegeben, eine geeignete Zofe zu finden, da las ich im Anzeigenteil einer Zeitung, daß ein Mädchen, das nähen, sticken und frisieren könne, eine Stelle suche und die besten Zeugnisse beibringen könne. Zudem spreche sie Englisch.

Ich schrieb an die angegebene Adresse, und tags darauf stellte sich die fragliche Person vor. Sie war ziemlich groß, schlank, ein bißchen blaß und wirkte recht schüchtern. Sie hatte schöne dunkle Augen, eine entzückende Haut; sie gefiel mir auf den ersten Blick. Ich verlangte ihre Zeugnisse zu sehen. Sie gab mir ein englisch abgefaßtes; wie sie sagte, hatte sie bis dahin im Hause der Lady Rymwell gedient, wo sie zehn Jahre geblieben sei.

In dem Zeugnis wurde bescheinigt, daß das Mädchen aus eigenem Entschluß fortgegangen sei; sie habe nach Frankreich zurückkehren wollen, und man habe ihr, von ein wenig *französischer Koketterie* abgesehen, im Lauf ihrer langjährigen Dienstzeit nichts vorzuwerfen gehabt.

Die schamhafte Wendung des englischen Satzes nötigte mir sogar ein leises Lächeln ab, und ich stellte die Kammerzofe ohne weiteres ein.

Rose – so hieß sie – trat noch am selben Tag ihren Dienst bei mir an.

Nach einem Monat betete ich sie an.

Sie war ein Glücksfall, ein Fund, eine Perle, ein Phänomen. Sie verstand es meisterhaft und mit größtem Geschmack, mein Haar zurechtzumachen; sie richtete die Spitzen an einem Hut geschickter zu als die besten Modistinnen, ja, sie konnte sogar Kleider schneidern.

Ich war verblüfft über ihre Fähigkeiten. Noch nie war ich so gut bedient worden.

Sie kleidete mich mit erstaunlich leichter Hand an. Nie spürte ich ihre Finger auf meiner Haut, und doch ist mir nichts so widerwärtig wie die Berührung durch die Hand einer Zofe. Bald ergab ich mich einem genießerischen Faulenzen und gewöhnte mir an, mich mit größtem Wohlbehagen von diesem großen, schüchternen Mädchen von Kopf bis zu den Füßen, vom Hemd bis zu den Handschuhen ankleiden zu lassen. Sie errötete leicht und sprach nie ein Wort. Wenn ich aus dem Bad stieg, rieb sie mich trocken und massierte mich, während ich ein wenig auf meinem Diwan schlummerte. Ich sah in ihr wahrhaftig eher eine aus geringeren Verhältnissen stammende Freundin als eine gewöhnliche Zofe.

Eines Morgens aber wünschte mich der Concierge, der sehr geheimnisvoll tat, zu sprechen. Ich war ganz überrascht und ließ ihn hereinkommen. Er war ein verläßlicher Mann, ein alter Soldat, die frühere Ordonnanz meines Mannes.

Er war sichtlich verlegen über das, was er zu bestellen hatte. Endlich stammelte er:

‹Madame, unten ist der Polizeikommissar des Viertels.›

Ich fragte unwirsch: ‹Was will er denn?›

‹Er will eine Haussuchung vornehmen.›

Gewiß, die Polizei ist zu vielem nütze, aber ich kann sie nicht ausstehen. Ich finde, das ist kein anständiger Beruf. So gab ich gereizt und auch gekränkt zur Antwort:

‹Wozu diese Haussuchung? Aus welchem Grund? Ich lasse ihn nicht herein.›

Der Concierge erwiderte:

‹Er behauptet, im Haus sei ein Verbrecher versteckt.›

Jetzt bekam ich doch Angst und befahl, den Polizeikommissar zu mir hereinzuführen. Er sollte mir nähere Auskunft geben. Er war ein recht gut erzogener Mann; im Knopfloch trug er das Bändchen der Ehrenlegion. Er entschuldigte sich, bat um Verzeihung und bestätigte mir dann, ich hätte unter meiner Dienerschaft einen Zuchthäusler.

Ich war empört und antwortete ihm, ich stehe

für die ganze Dienerschaft im Haus ein, und zählte sie ihm auf.

‹Der Concierge, Pierre Courtin, ein ehemaliger Soldat!›

‹Der ist es nicht.›

‹Der Kutscher François Pingau, ein Bauer aus der Champagne, Sohn eines Pächters meines Vaters.›

‹Der ist es nicht.›

‹Ein Stallknecht, ebenfalls aus der Champagne, auch Sohn von Bauern, die ich gut kenne, dazu ein Diener, den Sie eben gesehen haben.›

‹Auch der ist es nicht.›

‹Nun, mein Herr, Sie sehen, daß Sie sich täuschen.›

‹Verzeihung, Madame, ich bin sicher, daß ich mich nicht täusche. Da es sich um einen gefährlichen Verbrecher handelt, wollen Sie die Güte haben, hier vor Ihnen und mir Ihre gesamte Dienerschaft antreten zu lassen.›

Erst wollte ich nicht, dann gab ich nach und ließ alle meine Dienstboten, Männer und Frauen, heraufkommen.

Der Polizeikommissar warf einen prüfenden Blick über sie hin und erklärte dann:

‹Das sind nicht alle.›

‹Pardon, mein Herr, es ist nur noch meine Zofe da, ein junges Mädchen, das Sie doch wohl nicht mit einem Sträfling verwechseln können.›

Da fragte er: ‹Kann ich sie ebenfalls sehen?›

‹Natürlich.›

Ich klingelte nach Rose, und sie erschien sogleich. Kaum war sie eingetreten, winkte der Kommissar, und zwei Männer, die ungesehen hinter der Tür versteckt gestanden hatten, warfen sich auf sie, packten sie an den Händen und fesselten sie mit Stricken. Ich stieß einen Wutschrei aus, wollte eingreifen und sie verteidigen, die Beamten hinausdrängen. Doch der Kommissar gebot mir Einhalt.

‹Madame, dieses Mädchen ist ein Mann und heißt Jean-Nicolas Lecapet, er wurde 1879 wegen Notzucht und Mordes zum Tode verurteilt. Seine Strafe wurde in lebenslängliches Zuchthaus umgewandelt. Vor vier Monaten ist er ausgebrochen. Seither suchen wir ihn.›

Ich war vor Angst halb von Sinnen, starr vor Entsetzen. Ich konnte es nicht glauben. Der Kommissar sagte lachend:

‹Ich kann Ihnen nur einen Beweis geben: Er ist am rechten Arm tätowiert.›

Man streifte seinen Ärmel hoch. Es war so. Dann setzte der Mann von der Polizei reichlich geschmacklos hinzu:

‹Die übrigen Feststellungen können Sie ruhig uns überlassen.›

Dann führte man meine Zofe ab!

Und nun, ob du mir's glaubst oder nicht, was

mir vor allem zu schaffen gab, war nicht etwa der Zorn darüber, daß ich so hinters Licht geführt, getäuscht und lächerlich gemacht worden war, auch nicht Scham, weil ich auf diese Art von einem Mann ausgekleidet, berührt und betastet worden war ... sondern eine ... tiefe Demütigung als Frau. Verstehst du, was ich meine?»

«Nein, nicht recht.»

«Nicht? Aber so überleg doch nur einmal ... Er war verurteilt ... wegen Notzucht ... dieser Bursche ... nun ja, ich dachte ... an die Frau, die er vergewaltigt hatte ... und das ... das demütigte mich ... Das war's ... begreifst du jetzt?»

Madame Simone antwortete nicht. Sie sah geradeaus vor sich hin, mit einem eigentümlich starren Blick auf die beiden blitzenden Knöpfe der Livree, mit einem sphinxhaften Lächeln, wie es Frauen zuweilen haben.

GERD GAISER

Die schlesische Gräfin

An die Gräfin von Sorgk und Seskau hatte sich in den Fluchtwirren des Jahres 1945 eine Unbekannte angeschlossen, eine Person, von der sich nicht mehr sagen ließ, als daß sie mittleren Alters war und auf den Namen Frau Weiß hörte. Keine der beiden Frauen hatte bis dahin die andere je gesehen; jetzt aber inmitten von Plünderungen und Durchsuchungen, unter Artilleriebeschuß, auf Schleichpfaden, in verstopften Zügen, in Durchgangslagern und Registrierbaracken gerieten sie, wenn auch Zufälle sie ein paarmal trennten, immer wieder zusammen.

Die Gräfin von Sorgk, die schon bei Jahren den Einsturz ihrer Welt, den Untergang ihrer Heimat, den Verlust von Mann und Söhnen, endlich das äußerste körperliche Elend in einer Art von Versteinerung erlebte, erstaunte anfänglich kaum daran, wie beharrlich diese Begleiterin es verstand, den Zufall zu steuern, der sie immer aufs neue an ihre Seite trug. In ihrem Zustand, und da sie nichts anderes kannte, als daß ihr aufgewartet wurde, nahm sie es dumpf hin, daß die neue Bekannte sich wie eine alte Dienerin an sie hielt, sich zu ihr durchdrängte, ihr Hilfen erlistete, um Nahrung und Stempel für sie focht, ja für sie log und bettelte, wenn kein anderer Rat war. Was die Frau zu ihren Handlungen trieb, blieb unbekannt. Sie war mit einem Straßenbahnschaffner verheiratet gewesen, dessen Verlust sie lange verschmerzt hatte; Kinder besaß sie keine. Jeder weiß, daß der Kleine sein bißchen Armut nicht leichter aufgibt als der Große seinen Reichtum; allein es mochte der einfachen Person vielleicht scheinen, daß sie, da sie so viel weniger verlor als die Gräfin und gewöhnt war, sich durchzuschlagen, immer noch besser daran sei als die alte Standesherrin. Vielleicht auch nährte eine alte Demut vor Würden der Geburt diese Hilfsbereitschaft.

Wochen gemeinsamer Irrfahrt endeten mit schwerer Krankheit der Gräfin, und wiederum wußte die Weiß die Hilflose durch zähes Fordern so unterzubringen, daß sie selbst sie gesund pflegen konnte. Zuletzt wurden beide Frauen einem kleinen süddeutschen Ort zugewiesen.

Erst in den Tagen der Genesung, als die Betäubung der ersten Angstwochen wich, die Verwirrung des Fiebers sich löste, war der Gräfin ihre Lage zu Bewußtsein gekommen. Entblößt von allem Vergangenen und durchaus allein, sah sie sich zugleich zwischen Dankbarkeit und Unbehagen an eine Person gekettet, mit der sie nichts gemein hatte, als daß sie dieser Person mehrfach ihr Leben verdankte.

Die Gräfin von Sorgk und Seskau war ein Mensch von dem alten Hochmut, der ungern verdankt, wo er nicht belohnen kann. So verstand sie langsam, daß es nun aller Wahrscheinlichkeit nach ihr Los bleiben würde, nein ihre Schuldigkeit sei, den Rest ihrer Tage mit diesem Wesen zu teilen, das sich ihr unterworfen hatte und das sie nicht anders belohnen konnte. Auch machte die fremde Person keine Anstalt, sie wieder freizugeben.

Das alles lastete auf der alten Dame, als sie nun in der kleinen Stadt ihr Quartier bezogen. Hatten sie in den Zeiten der Flucht weit Schlimmeres ausgestanden, jetzt drückte das Unabänderliche und Endgültige des erbärmlichen Daseins härter. Eine gemeinschaftliche Kammer war ihnen zugewiesen, in der sie auch kochen und waschen mußten, so daß der Gräfin, die auf Abstand zu leben gewohnt war, der Zustand zur Qual wurde. Und doch mußte sie sich segnen, daß sie ihre Gefährtin besaß. Denn sie hätte allein sich nicht helfen können.

Erst lebten sie von der Fürsorge, dann tat sich die Weiß um und fand Verdienst in einer Fabrik, die Holzwaren herstellte. So kam etwas ein, das der gemeinsamen Wirtschaft zufloß, auch die Gräfin half mit, indem sie Spielwaren anmalte, die jene Fabrik an Heimarbeiterinnen vergab. Die Weiß tat mehr, schon machte sie ein paar Häuser weiter eine neue Bleibe ausfindig, wohin sie sich sogleich absetzte, angeblich weil es ihr günstiger lag; sonst sagte sie nichts über die Gründe. Auch fand sie sich täglich ein, sobald sie frei war, um alle ihre bisherigen Dienste weiter wahrzunehmen, sie schleppte Wasser, fegte, wusch und besorgte für beide das Anstehen vor Schreibzimmern und Verteilungsstellen.

Bei ihrer Art von Gemeinschaft war es nicht wahrscheinlich, daß eine der beiden Frauen irgendein Stück Besitz vor der andern hätte verbergen können. Dennoch besaß die Gräfin noch einen Schmuck und hatte aus Gründen, denen sie nicht nachsinnen wollte, gegen ihre Gefährtin niemals etwas von ihm erwähnt. Sie hatte diesen Schmuck die ganze Zeit auf dem Leib verborgen getragen, ihn selbst während ihrer Krankheit in traumhafter List verhehlt. Es war ihr vielleicht notwendig, sie mußte ein einziges Ding noch allein besitzen. Der Schmuck war alt, nach Hausüberlieferung hatte sie ihn als Braut bekommen, er bestand aus Gold und Türkisen.

Seitdem sie nun mehr allein war, sann die Gräfin für den teuren Besitz auf eine Verwahrung außerhalb ihrer selbst. Ein sicher verschließbares Möbel gab es nicht in der ärmlichen Ausstattung, auch verließ sich das Angstgefühl jener Jahre, die ständig mit Plünderung und Enteignung rechneten, lieber auf ein Versteck als auf einen Verschluß, der leicht gesprengt werden konnte. Ihr Blick fiel auf den Ofen, ein Stück von der Art der sogenannten Kanonenöfen. Sie hakte das unscheinbare Säckchen, das den Schmuck enthielt, innen im Ofen oberhalb des Feuerloches fest: dort, so schien ihr sicher, würde niemand suchen.

Der Herbst kam, es war ein Bucheckernjahr, und die Bevölkerung strömte in die Wälder, um ihrer Hungernahrung ein Quentchen zuzusetzen. Auch die zwei Frauen befanden sich unter den Lesern, und der Herbst blieb lange hinaus wärmlich und schonte die Sammlerinnen. Dann aber fiel eines Tages aus schnellem Wolkenaufzug und unter unzeitigen Donnerschlägen erst Regen, darauf ein dichter, wässerig flockender Schnee, der die Waldgänger einhüllte und durchnäßte. Unwillig, triefend und schauernd vor Kälte krochen überall aus den Schlägen die Leser und versammelten sich zum Heimweg. Es war ein weiter Weg, in dem rieselnden Unheil trottete der Haufe verstummt oder unter leisem Jammern; da wußte unter einem Vorwand die Weiß sich von der Gräfin zu lösen und ging und lief und lief noch schneller, sobald sie die Schar hinter sich hatte, und gewann einen starken Vorsprung.

Mühselig, mit versiegender Kraft erreichte viel später die Gräfin ihr Dachgeschoß; da schlug ihr wohlige Hitze entgegen. Die Hitze knackte im schrägen Gebälk, im Ofen sauste das Feuer, kochend heißen Tee, angewärmte Tücher hielt die Vorausgeeilte dort schon bereit. Erst überließ sich die Gräfin der wohligen Ohnmacht des Wärmeschwalls einen Augenblick ohne Gedanken; dann aber traf ihr Blick auf den Ofen, dessen Leib hoch hinauf glühte; ohne ein Wort fiel sie auf einen Stuhl nieder und deckte die Hand über die Augen.

Die Gräfin, in herrnhutischer Frömmigkeit erzogen, hatte sich selbst oft gescholten und im Gebet gedemütigt, daß sie es nicht fertigbrachte, sich zu überwinden und der Person, der sie soviel danken mußte, in freundlicher Neigung zu begegnen. Jetzt aber, wie der dienstbare Eifer dieser Unbekannten, die sich ihr aufgedrängt hatte, das letzte Stück ihrer eigenen Welt auslöschte, mußte sie einen kochenden Haß niederkämpfen. Alles Unbehagen, jeder Augenblick übler Ahnung schienen ihr bestätigt. Sie vermochte zwar über sich die äußere Ruhe zu wahren, mehr nicht: ihre Stimme nahm einen erschreckenden Ton an, wie sie mit einem: Nein! alle Fragen der verwirrten Gefährtin zurückwies, was sie für sie tun könne. Sie blieb sitzen, wo sie saß, rührte sich nicht und sprach endlich, ohne daß sie ihr Gesicht sehen ließ, die barsche Bitte aus, die sie bis dahin sich nie erlaubt hatte: nämlich man möge sie endlich alleinlassen.

Frau Weiß, immer verstörter, sprach ihr ohne Wirkung zu, sie bat laut und dann stumm und mußte endlich dem Befehl folgen; kleinmütig stammelte sie ihren Abschied. Die Dachstiege besaß kein Licht. Verließ sonst jemand nachts die

Kammer, hielt die Zurückbleibende oben die Tür, so daß ein Schein hinausfiel so lange, bis die Niedersteigende unten angelangt war. Diesmal geschah es nicht, und nur Augenblicke vergingen, da hörte die Gräfin in ihrer Lähmung einen Fall draußen, dem Klagelaute folgten.

Zu einer Fraktur des Beckens, die sich die Witwe Weiß bei ihrem Sturz zugezogen hatte, gesellte sich schnell eine Lungenentzündung als Folge des gleichen Tags. Zur Last fiel indessen die unauffällige Person niemandem, denn sie wurde ins Kreiskrankenhaus übernommen, und die öffentliche Hand kam für sie auf. Der Gräfin blieb keine Möglichkeit, Erwiesenes zu vergelten.

Sie blieb zurück mit einem wirren Gefühl und wußte sich nicht sogleich zu fassen. Sie hatte, als der Ofen damals erkaltet war, die Schlacke gewendet und darin gesucht, aber keine Reste entdecken können, endlich mit einer Empfindung des Ekels warf sie die Asche fort. Dann stutzte sie, ein paar Tage waren schon hin seit jenem Vorfall; sehr langsam und mühsam wuchs ein Gedanke, ein unwürdiger Verdacht in ihr auf. Warum hatte der Ofen geglüht? *War* denn der Schmuck überhaupt zugrunde gegangen? Hatte die Heizerin ihn entdeckt und vorher entfernt, wäre es nicht natürlich gewesen, davon gleich Mitteilung zu machen? Sie sträubte sich eine Weile, aber dann ging sie hin, wo die Schürze ihren Platz hatte, in der die Weiß zu arbeiten pflegte. Meist band die Weiß die Schürze ab, wenn sie ging; damals, an jenem Abend, so entsann sich die Gräfin, war sie seltsamerweise in der Schürze gegangen, sie selbst hatte sie ihr nach dem Fall abgenommen und achtlos an die alte Stelle gehängt. Jetzt fuhr sie an ihr entlang und spürte in den Falten etwas: in der Tasche befand sich der Schmuck.

Eine Weile saß die Gräfin an ihrem kahlen Tisch bald in Abscheu und bald in Not des Gewissens, so daß ihre alten Wangen bald rot, bald blaß wurden. Denn noch immer blieb die Deutung des Funds offen. Was war geschehen? Es kam keine Möglichkeit mehr, den Sachverhalt zu erforschen. Denn als die Gräfin den Fund tat, ging es gegen elf, und als sie zu Mittag im Krankenhaus nachfragte, erwies sich, daß die Heimatvertriebene Weiß gegen Morgen verstorben sei.

Die Gräfin kehrte um und nahm nicht mehr viel zu sich bis zu dem dritten Tag, an dem das Begräbnis stattfinden sollte. Er kam, und die Handlung fand trübselig und vor wenig Begleitern statt. Da es regnete, hatten die Teilnehmer Eile, unter Dach zu kommen, niemand blieb zurück und nahm noch die Gräfin wahr, die am Platze verharrte. Auch der Totengräber, der verdrossen mit seinem Gerät näher kam, sah nur, daß die alte Dame gebückt ein Büschelchen Buchs dem Sarg nachgeworfen hatte, eh' sie zur Seite trat in ihren Schuhen, durch die das Wasser einrann. Er konnte nicht ahnen, was in dem Büschel Grün versteckt war, das er jetzt mit gleichgültigen Schaufelwürfen zudeckte. Die Gräfin hatte den Schmuck hineingebunden, denn sie mochte ihn nicht mehr sehen und konnte jetzt frei auf den Rest ihrer Tage blikken; da holte die eigensinnige und beständige Person sie nach, so wie man auf dem Lande sagt, daß gern ein Toter den nächsten ins Grab hole; denn sie kehrte von dem unguten Geleit mit dem Keim einer tödlichen Erkältung zurück und schwand aus dem Leben fast unbeachtet, wie sie in das Städtchen gekommen war.

GEORGE SAND

Glück

Du willst das Glück in der Liebe sehen.
Da ist es nicht. Das Glück ist in der Ruhe,
in der Freundschaft; die Liebe, das ist
ein Sturm, ein Kampf.
Gut, ich werde dir eine andere Liebe zeigen;
Freundschaft, das heißt Ruhe, verbunden mit
der Lust, das heißt, dem Genuß, das ist Glück.

ANNETTE VON DROSTE-HÜLSHOFF

Brief an die Freundin Elise Rüdiger

[Rüschhaus], Sonntag, abends um 9 Uhr [1840]

Ich komme soeben todmüde von Hülshoff und darf doch nicht eher zu Bette gehen, bis ich Ihnen, meine gute Elise, eine Last aufzubürden wenigstens versucht habe. Werden Sie nicht böse darüber, ich kann nicht anders und habe einen unerbittlichen Treiber hinter mir. Einer meiner Onkels vergeht nämlich in glühender Sehnsucht nach – *Schuhsohlen*, und zwar dünnen, feinen, von schönen jungen Damen in Gesellschaft oder auf Bällen getragen; denn er ist ein Mann von Geschmack. Die Sache ist, daß er sehr hübsch drechselt und schnitzelt und seine Kunstprodukte nachher mit den rauhen Sohlen, wie man sie früher nur unter den Pariser, jetzt aber unter allen Zeugschuhen findet, poliert. Es ist ihm schwer, welche zu bekommen, weil die meisten Damen zu eitel sind, alte, zerrissene, niedergetretene und beschmutzte Schuhe in Herrenhände, und wären es auch nur die eines alten Junggesellen, kommen zu lassen. Jetzt ist er aber ganz auf dem Trocknen damit, so daß er mehrere sehr hübsche Sachen deshalb nicht vollenden kann, und quält mich aufs Blut um eine

Beisteuer. Haben Sie also einige recht alte Schlurren (das sind grade die besten), so helfen Sie mir aus der Not! Das Äußere macht keinen Unterschied, er nimmt sie mit dem größten Danke in allen Formen, platt wie Pfannenkuchen und in Fetzen an [beiden] Seiten drum her, das ist alles gleich, und ich werde ihm ja auch nicht sagen, von wem sie sind. Oder hat die Bornstedt welche? Wenn ich auch nur ein Paar bekomme. Ich selbst habe ihm meinen Vorrat schon früher gegeben und habe jetzt eben gar nichts. Aber Sie müssen mir nichts schicken, was Sie noch brauchen können, sonst erhalten Sie es mit Protest von mir zurück; und wenn Sie nichts haben, ist es auch weiter kein Unglück; er muß dann seine Netze selbst anderwärts auswerfen, das ist es all. Nur hätte ich das, was Sie mir etwa geben oder verschaffen können, gern gleich, da der Onkel morgen (Montag) hier kömmt und am folgenden Abend ganz fortreist. Ich habe deshalb den Boten, der doch nicht vor zwölf oder eins nach Münster geht, eingebunden, sehr früh zu Ihnen zu gehen und dann wieder vorzukommen zu der Zeit, die Sie ihm bestimmen. Noch muß ich bemerken, daß das obere Zeug *daranbleiben muß*, weil nur mit Hilfe von diesem die Sohlen gehörig zu fassen [zu handhaben] sind. Scheuen Sie sich nicht, etwas ganz niederträchtig Schlechtes zu schicken; er ist es nicht anders gewohnt und erfährt nie, von wem die Almosen kommen, die ihm seine Verwandten prokurieren; das ist eine Bedingung, die gewöhnlich von den Damen gemacht wird. Und wenn Sie nichts haben, so ist es auch gut; indes darf uns beiden kein graues Haar darum wachsen, nur geben Sie dem Boten dann einen mündlichen Bescheid; denn einen schriftlichen verdiene ich nicht auf diesen Wisch, der keineswegs als Antwort gelten soll auf Ihren lieben, guten langen Brief. Adieu, mein Herzchen, ich kann und kann nicht mehr vor Müdigkeit.

Ihre treue Annette

COLETTE

Reisen

Heute nachmittag bist du zu mir gekommen, junge Freundin. Und während du deinen kleinen, randlosen Filzhut durch die Luft segeln ließest wie ein Clown seine Perücke, wenn er auftritt, um das Publikum zu begrüßen, sagtest du zu mir:

«Ich hole Sie morgen früh ab. Halten Sie sich um sieben Uhr bereit, und verlassen Sie sich ganz auf mich. Punkt zwölf wird in B... gefrühstückt. Um vier Uhr Kaffeetrinken in C... Und meine

Zunge soll sich mit Geschwüren bedecken, wenn wir nicht um halb sieben Uhr in D..., die Ellenbogen auf dem Tisch, vor einem Aperitif sitzen!»

Durch das offene Fenster wies dein Arm auf deine hübsche «Ente» unten am Straßenrand, innen mit kostbarem Holz verkleidet, den Bug vernickelt, das Heck mit Intarsien aus Mahagoni und Rosenholz verziert. Ich weiß aus Erfahrung, daß dieser ausgestreckte Arm das Steuer sicher führt und daß diese seit dem Frühjahr fleckige und harte Hand weder aus Zaghaftigkeit noch aus Fahrlässigkeit gegen irgendeinen Paragraphen der Straßenverkehrsordnung verstoßen würde. Dennoch werde ich dem Wink dieser Hand nicht gehorchen. Junge Freundin, nicht mit dir werde ich reisen. Du wirst deine kleine, ungepuderte Nase runzeln und antworten: «Sie sind aber schwierig!» Ja, du sagst es: ich bin sehr schwierig. Du bist perfekt im Reisen, aber ich will mehr und auch weniger als Perfektion, etwas anderes als deine unerbittlichen Fahrpläne, die die Phantasie des Eisenbahnnetzes mattsetzen.

Du bist eine junge Frau von sechsundzwanzig oder achtundzwanzig Jahren. Böse und gut an den Frauen deiner Generation ist, daß sie in ihrem Alter bereits alles kennengelernt haben, sogar den Schmerz. Der Krieg hat dich vernünftig gemacht, die Liebe sah dich zittern. Die moderne Erziehung hat dich auch das Reisen gelehrt, wenn man unter

Reisen das Durcheilen großer Entfernungen versteht, und mit sechzehn Jahren hat es dir nichts ausgemacht, ganz allein Hotelrechnungen zu bezahlen, inklusive der Trinkgelder. Die Verachtung der Blasierten, die Allwissenheit der Reichen, all das war dir seit deiner Erstkommunion gegeben. Du zögerst niemals, du schlenderst nicht umher. Wenn du am Steuer sitzt, gibst du den «großen Brummern» würdevoll den Weg frei, diesen dröhnenden Insekten der Straße, und dieser Gattung schrecklicher, kleiner, flügelloser, meistens scharlachroter Larven, deren Vorbeifahren erschreckt. Du streifst gewisse kleine Autos mit dem Kotflügel, um sie auf die rechte Spur zu verweisen. Du liest Landkarten mit solcher Virtuosität, daß ich immer, wenn du die Partitur von tausend Quadrathektar ausbreitest, darauf gefaßt bin, dich die Kavatine «Paris–Biarritz» oder die Tonleiter der Berg- und Talfahrt Nîmes–Le Havre anstimmen zu hören.

Du kennst jedes «Nest», seine Unterkünfte und seine Fallen. Der auf «alt» getrimmte Gasthof imponiert dir gar nicht, denn der Salat schmeckt nicht besser von einer angeschlagenen Gemüseschale aus alter Rouen-Fayence, und auch die Früchte gewinnen nicht, wenn man sie in einem ausrangierten Bettwärmer gekühlt serviert. Du bist, wie ich schon sagte, perfekt: ich werde nicht mit dir reisen. Ich habe zu viele Fehler, ganz zu schweigen davon, daß ich nicht mehr in deinem Alter bin. Wenn das Band der Straße, die Felder und Wälder, die sie säumen, durch die Geschwindigkeit halb verwischt werden, gefallen sie mir nicht mehr. Und ich weiß, daß es heutzutage nur einen Luxus gibt: die Langsamkeit; nur einen Adel: den Müßiggang. Mach dich also ohne mich auf den Weg, junge, unternehmungslustige Freundin, und fahre den ganzen Sommer lang, unbeirrbar und nie voll Staunen deine «hübschen» achtzig Kilometer in der Stunde. Ich werde auch aufbrechen, und ich wette, daß du nicht auf mich treffen wirst. Du wirst wie die Windhündin Lola, die nicht neben kleinen Bulldoggen laufen konnte, weil sie in drei Sätzen an den Horizont stieß, überall nach den atemlosen Bulldoggen suchen, die sie, ohne sie zu sehen, überholt hatte. Die Weite gehört dir, laß mir das, was noch schöner ist: die lichten Pinienwälder, den in seiner Talmulde wieder und wieder sich windenden Bach, den rosigen Fingerhut, der sich aufrichtet zwischen den Meilern, in denen die Holzkohle glüht, das soeben, wenn ich vorübergehe, aus dem Ofen geholte Landbrot und seinen Duft, der hungrig und schläfrig macht; die Sandgrube mit dem violetten Heidekraut, den hinter den Hecken vermuteten Teich – vielleicht war es auch ein blau blühendes Flachsfeld? –, das kleine, mit Hanf bepflanzte Stück Land, wo der Schmetterlingsschwarm einschlummert … Ich gehe vorüber, und an manchem, noch Unwiderstehlicherem. All das gehört mir, und auch die ländliche Stille, vielfältig und mir nicht verschlossen, die du nicht hörst, weil nichts dich unterwegs aufhält, die du durch den Dunst der glühendheißen Backstube braust und den Schmetterlingsschwarm durchbohrst, du, die mir eines Tages sagte, als ich auf dem bewegten Samt einer Sandgrube lag und tat, als schliefe ich: «Seien Sie nicht so kindisch!»

Eines der kleinsten Autos wird mich bald forttragen. Du willst dich mir anbieten für «eine vernünftige Reise»? Kümmere dich nicht um mich, bitte. Ich werde den Benzinkanister im Kofferraum mitführen und vier neue Zündkerzen. Aber vor allem werde ich eine warme Decke, Schweizer Käse, Entenpastete, fetten Schweinebraten in Aspik, Früchte, eine Korbflasche mit gutem Wein und heißen Kaffee mitnehmen. So ausgerüstet, werde ich von Paris fünfzig oder fünfhundert Kilometer weit fahren. Aus Erfahrung weiß ich, daß die Sommernächte kurz und mild sind und daß der rote Streifen, der die Morgendämmerung ankündigt, den Himmel mit so hartem Licht färbt, daß es einem das Herz zusammenschnürt. Doch ist dieser Augenblick so rein, daß man dabei das Glück kostet, an nichts und niemanden zu denken, außer an die Kindheit. Selbst wenn du zu früher Stunde auf der Straße vorüberkämest, führest du vorbei, ohne zu wissen, daß ich dort am Rande eines Waldes, in der prächtigen Einsamkeit geschlafen habe und gerade im traurigen Morgengrauen erwachte, benetzt vom sparsamen Tau, den, Perle für Perle, der schwarze Fächer der Pinien trocknet.

WILLIAM SAROYAN

Der große Bockspringen-Wettkampf

Rosie Mahoney war eine zähe kleine Irin, deren Eltern sich in die russische, italienische und griechische Gegend meiner Heimat verirrt hatten, entweder aus Versehen oder infolge ihrer angeborenen anarchischen Denkweise.

Sie trug einen hochgeschlossenen Pullover, meistens einen roten. Ihr Vater, ein Maurer namens Cull, war ein Trinker. Ihre Mutter hieß Mary. Mary Mahoney ging jeden Sonntag in die griechisch-orthodoxe Kirche am Kearny-Boulevard, weil es in ihrer Gegend keine irische Kirche gab. Die Familie schien glücklich zu sein.

Rosies Brüder waren alle drei erwachsen und zur See gegangen. Rosie war die jüngste. Als sie das Licht der Welt erblickte, war ihr Vater nahe an sechzig und ihre Mutter etwas über fünfzig. Trotzdem gehörte sie kaum zum Schlag der Gelehrten und Wissenschaftler.

Rosie hatte für Mädchen nichts übrig, und sie ging ihnen nach Möglichkeit aus dem Weg. Für Jungen hatte sie noch weniger übrig; aber sie fand es nicht wünschenswert, ihnen aus dem Weg zu gehen. Das heißt, sie machte es sich zur Ehre, an allem teilzunehmen, was die Knaben taten. Sie war stets zur Stelle, und immer griff sie als erste einen gewagten oder verrückten Einfall auf. Alle fühlten sich durch ihre fortwährende Anwesenheit gehemmt; aber es war zwecklos, sie wegjagen zu wollen; denn das hätte eine Keilerei bedeutet, bei der sie keine Nachsicht forderte und auch keine gewährte. Wenn ihr nicht jeder Junge, mit dem sie sich balgte, unterlag, so endete der Kampf zumindest mit einem Unentschieden, und zwar mit ein paar Punkten zu Rosies Gunsten. Sie kämpfte nicht wie ein Mädchen, und sie weinte auch nicht, wenn sie eine Verletzung davontrug; sie kämpfte stilgerecht und nahm ihren Vorteil flugs war. Da es sehr demütigend war, von Rosie besiegt zu werden, standen alle Buben, die sie gern weggejagt hätten, nach kurzer Zeit von diesem Vorhaben ab.

Es hatte keinen Zweck. Sie ließ sich einfach nicht vertreiben. Sie schien keinen der Knaben besonders zu lieben; aber sie nahm gern an allen

Streichen teil, die sie im Schilde führen mochten, und sie wollte bei allen Wettspielen mitmachen. Sie war eine ausgezeichnete Baseballspielerin, einerlei, an welchem Platz sie stand. Sie hatte außerordentlich flinke Beine und machte ihre Sache vortrefflich, wenn mit einer Blechbüchse Hockey gespielt wurde. Bei unserem selbsterfundenen Reiterspiel war sie als Pferd ebenso gut wie als Reiterin, und sie bestand auf der Befolgung der Regeln. Sie bestand darauf, Pferd zu sein, wenn sie an der Reihe war. Das brachte ihren jeweiligen Partner immer in Verlegenheit, weil es die Buben nicht richtig dünkte, von einem Mädchen huckepack getragen zu werden.

Ja, sie konnte es mit allen Knaben in der Gegend aufnehmen, und vielen war sie sogar überlegen. Das zeigte sich besonders, nachdem sie in dieser Gegend drei Jahre zugebracht hatte. So lange dauerte es, bis sie allen klargemacht hatte, daß sie hergekommen war, um zu bleiben, und daß sie eben bleiben würde.

Sie blieb denn auch, sogar nach dem Erscheinen eines Knaben, der Rex Folger hieß und aus dem Süden von Texas stammte. Dieser Rex war eine geborene Führernatur. Zwei Monate nach seinem Erscheinen in der Gegend wurde er allgemein als Bandenführer anerkannt, zumindest nahezu. Er hatte jeden Jungen der Gegend, der sich irgendwann einmal als Führer gefühlt hatte, bekämpft und überwunden. Und das war ihm ohne merkbare Bosheit, ohne Stolz und Ehrgeiz gelungen.

Ja, niemand hätte eigentlich gutmütiger sein können als Rex. Trotzdem grollten ihm alle.

Eines Winters gab sich die ganze Gegend einem Spiel hin, das auf der anderen Seite des Süd-Pazifik-Gleises, wo ebenfalls ein Arbeiterviertel lag, schon seit längerer Zeit sehr beliebt war: Bockspringen. Daran konnten so viele Buben jeweils teilnehmen, wie Lust hatten; sie bückten sich, und einer sprang dann der Reihe nach über die andern, bückte sich am Ende der Reihe ebenfalls und wurde von den andern übersprungen; das ging so fort, bis alle Bockspringer erschöpft waren. Manchmal dauerte es, bis die beiden letzten Springer fünf bis sechs Kilometer zurückgelegt hatten, während die übrigen nebenher gingen und Wetten abschlossen.

Rosie machte dabei natürlich immer mit. Sie hörte auch immer als eine der letzten auf. Und sie war das einzige Kind in der Gegend, das von Rex Folger nicht zur Rauferei herausgefordert und besiegt worden war.

Er fand es viel zu demütigend, überhaupt nur den Gedanken zu erwägen. Aber da sie ein Mitglied der Bande zu sein schien, hatte er das Gefühl, ihr doch irgendwie seine Überlegenheit beweisen zu müssen.

Eines Tages in den Sommerferien entstand zwischen Rex und Rosie ein Streit, worauf Rosie ihren

Pullover abstreifte und ihn zum Faustkampf herausforderte. Rex fischte eine Zigarette aus seiner Tasche, zündete sie an, atmete den Rauch tief ein und erklärte Rosie, es sei nicht seine Gewohnheit, mit Mädchen zu kämpfen; in seiner Heimat hätte man das ebenso unmöglich gefunden wie einen Boxkampf mit der Mutter. Wenn sich Rosie aber in einer anderen Sportart mit ihm messen wolle, so würde er ihr gern den Gefallen tun. Rex sprach ganz ruhig und höflich. Er blieb im Gleichgewicht. Das war natürlich unabsichtlich und unbewußt; aber es war so. Er war eben von Natur ein Mensch, der sich nicht hetzen oder in Aufregung bringen ließ.

So maßen Rex und Rosie ihre Kräfte im Bockspringen. Sie sprangen abwechselnd übereinander, noch dazu sehr schnell, und ehe wir uns versahen, befanden wir uns alle auf der Landstraße, die südwärts nach Fowler führte. Es war ein sehr heißer Tag, Rosie und Rex waren in glänzender Form, und es sah aus, als ob jeder zäher und eigensinniger als der andere wäre. Sie redeten auch viel, vor allem Rosie, die sagte, sie müsse ohnmächtig umfallen, ehe sie einen Jungen wie Rex gewinnen lasse.

Er sagte, es sei schade, daß sein Gegner ein Mädchen wäre. Ein Jammer, daß er ein Mädchen bis zur letzten Erschöpfung auspumpen müsse. Er müsse, also müsse er. Sie sprangen und bückten sich, sprangen und bückten sich, und wir gelangten zu Sam Days Weingut. Das war auf halbem Wege nach Fowler. Es hatte nicht den Anschein, als ob Rosie oder Rex jemals müde werden würde. Kein Anzeichen ließ auf Müdigkeit schließen, obwohl beide sehr schwitzten.

Natürlich waren wir überzeugt, daß Rex gewinnen würde. Aber das lag daran, weil wir die Tatsache nicht in Rechnung stellten, daß er ein einfacher Mensch war, wohingegen Rosie schlau und geschickt war. Rosie verstand sich aufs knifflige Austüfteln. Sie hatte entdeckt, auf welche Weise sie über Rex Folger springen mußte, damit er geschwächt wurde. Und nach einer Weile, ungefähr fünf Kilometer vor Fowler, merkten wir, daß sie sich auf Rex' Nacken stützte, anstatt auf seinen Rücken. Natürlich tat ihm das weh und trieb ihm das Blut in den Kopf. Rosie selbst bückte sich so, daß es für Rex unmöglich war, mit den Händen an ihren Hals zu gelangen.

Binnen kurzem merkten wir, daß Rex' Kräfte nachließen. Sein Kopf kam dem Boden immer näher. Einen knappen Kilometer vor Fowler hörten wir Rex' Kopf jedesmal, wenn Rosie über ihn sprang, gegen den Boden bumsen. Es waren tüchtige, laute Bumser, die schmerzhaft sein mußten; aber Rex klagte nicht. Dazu war er zu stolz.

Rosie dagegen wußte, daß sie ihn in der Zange hatte, und sie gab es ihm ordentlich. Sie bumste seinen Kopf so fest wie möglich gegen den Boden, weil sie merkte, daß auch sie nicht mehr viel Kraft hatte, und wenn er sich nicht in den nächsten zehn Minuten in der heißen Sonne der Länge nach ausstreckte, mußte sie selbst erschöpft umfallen und den Wettkampf verlieren.

Auf einmal bumste Rosie seinen Kopf wirklich kräftig gegen den Boden. Er richtete sich ganz benommen und sehr zornig auf. Zum erstenmal sahen wir ihn schäumen. Bei Gott, das Mädchen kam ihm zuvor, wenn ihn nicht alles täuschte, und das paßte ihm ganz und gar nicht. Rosie bückte sich vor ihm. Er näherte sich ihr schwankend und blieb einen Augenblick stehen. Dann gab er Rosie einen Tritt, so daß sie umfiel. Sie sprang auf und versetzte ihm eine Maulschelle. Die ganze Bande eilte hinzu und versuchte die Ordnung wiederherzustellen.

Es wurde einstimmig beschlossen, daß der Bockspringen-Wettkampf nicht zu einem Kampf werden durfte. Von jetzt an nicht mehr, zumal Fowler nur noch fünf bis zehn Minuten entfernt war. Die Bande urteilte ferner, daß Rex kein Recht gehabt hatte, Rosie in den Hintern zu treten, und daß Rosie mit der Maulschelle den Ausgleich geschaffen habe. Der Wettkampf sollte weitergehen.

Rosie war sehr müde und abgespannt. Rex ebenfalls. Sie setzten das Bockspringen fort, und wieder sahen wir Rosie so springen, daß Rex' Kopf gegen den Boden bumste.

Es sah für den Jungen aus Texas recht ungünstig aus. Wir begriffen nicht, wie er sich so viel gefallen lassen konnte. Wir fanden alle, daß Rex sein Schicksal verdient hätte; doch gleichzeitig verübelten wir es, daß Rosie, ein Mädchen, diese Leistung vollbrachte anstatt einer von uns. Natürlich irrten wir uns in diesem Punkt. Außer Rosie hätte niemand ein so schlaues Mittel finden können, den stärksten Jungen zu überwältigen. Das war wahrscheinlich die Frau in ihr, die sich knapp fünf Jahre später in solchem Maße entfaltete, daß sie eins der schönsten Mädchen in der Stadt wurde, ihr Wildfangwesen ablegte und den reichsten jungen Mann im ganzen Bezirk heiratete, einen Akademiker, der, wenn mich mein Gedächtnis nicht täuscht, Wallace Hadington Finlay IV hieß. Etwa hundert Meter von Fowler entfernt machte Rosie dem Wettkampf mit bewundernswerter Kunstfertigkeit ein Ende. Dort endete die staubige Landstraße und ging in die gepflasterte Hauptstraße von Fowler über. Die Straße war mit Zement gepflastert, nicht mit Asphalt. Asphalt hätte bei dieser Hitze wegen der Weichheit nicht viel genützt; aber Zement hatte gerade den richtigen Härtegrad. Ich glaube, Rex wußte, daß das Spiel aus war, als er sich über den harten Zement bückte. Aber er war bis zum Schluß tapfer. Er bückte sich über den harten Zement und erwartete das Schlimmste. Hinter ihm nahm Rosie Mahoney den Anlauf zur äußersten Anstrengung. In diesen nächsten Sprung wollte sie alles legen, und das tat sie denn auch.

Wie ein Zentner Ziegelsteine stürzte sie auf Rex' Nacken. Sein Kopf bumste auf den harten Zement, sein Körper sackte zusammen, und seine Glieder zuckten.

Er ging aus wie ein Licht.

Sechs Schritte vor ihm bückte sich Rosie und wartete. Jim Telesco zählte bis zwanzig; das war die erlaubte Zeit für jeden Sprung. Rex stand während des Zählens nicht auf.

Der Wettkampf war beendet. Rosie Mahoney ging aus dem Wettstreit als Siegerin hervor.

Rex stand überhaupt nicht allein auf. Er blieb einfach, wo er war, bis ihn einige von uns aufhoben und zu einem Pferdetrog trugen, wo wir ihm Wasser ins Gesicht spritzten.

Auf dem ganzen Heimweg war Rex sehr verwirrt. Auch tief beschämt. Er konnte das Ganze nicht fassen. Er machte bloß ein dummes Gesicht. Ab und zu dachten wir, er wolle sprechen, und wahrscheinlich wollte er es auch; doch wenn wir alle bereit waren, ihn anzuhören, brachte er kein Wort hervor. Er machte eine so traurige Handbewegung, daß elf Mitgliedern der Bande die Tränen in die Augen stiegen.

Rosie Mahoney hingegen redete auf dem ganzen Heimweg. Sie sagte alles.

Ich glaube, Rex wurde dadurch gebessert. Er wurde menschlicher. Nach diesem Vorfall war er eine mildere Seele. Vielleicht kam es daher, daß er einige Zeit nicht gut sehen konnte. Jedenfalls schien er wochenlang wie im Traum herumzugehen. Sein Blick heftete sich an irgendeinen unbedeutenden Gegenstand in der Ferne, und meistens machte er den Eindruck, als wüßte er nicht, wo er sich befand oder warum. An den Unternehmungen der Bande beteiligte er sich kaum, und im folgenden Winter blieb er ganz weg. Eines Tages kam er mit einer Brille in die Schule. Er sah gebrochen und rührend aus.

In jenem Winter hörte Rosie Mahoney ebenfalls auf, unsere wilden Spiele mitzumachen. Sie hatte ein Gefühl dafür, zur richtigen Zeit abzutreten.

BRIGITTE SCHWAIGER

Menthinen

Jugendfrei! Wenn die Anneli kein Geld kriegt fürs Kino, geht sie einfach mit mir, und wir setzen uns auf einen Platz, das ist erlaubt, weil wir so klein und dünn sind. Oder wenn sie schon um zwei Uhr war, und ich habe meine Karte für vier, und die

Anneli kommt mir mit roten Wangen in der Salzgasse entgegen und sagt, es war so schön, dann nehme ich sie mit mir hinein, und wir setzen uns auf einen Platz und rutschen hin und her, und die Anneli sagt voraus, was passiert. Ihr Atem ist ganz heiß, wenn sie mir ins Ohr flüstert, wer wen heiratet. Und wenn er sie gekriegt hat, ist das Kino aus. Sie umarmen sich zum Schluß, der Mann legt seinen Mund auf das Kinn von der Frau, die Musik kommt noch einmal sehr herrlich, aber dann wird es hell, und wir haben alle Menthinen aufgegessen. Das blauweiße Zellophanpapier schmeißen wir weg. In der Salzgasse ist es kühl. Die Anneli muß gleich heimgehen, weil ihr Vater jeden Sonntag einen Rausch hat, da kriegt sie ihre Watschen. Ich muß auch heim, weil ich auf der Straße nichts verloren habe.

Du bist kein Gassenkind! Du bist kein Gassenmensch! Daß ich mit der Anneli im Kino war, darf ich nicht sagen. Ich sage nur, es war sehr schön. Wir wollen nicht, daß du mit ihr spielst, ihre Eltern sind Proleten, und das verstehst du noch nicht! Die Anneli kommt uns nicht ins Haus! Und wehe, wenn dich der Papa mit ihr noch einmal auf der Straße sieht! Er erlaubt es nicht, hörst du? Und damit du es ein bißchen begreifst: Unsere Frieda hat vorigen Sommer das Fahrrad beim Greutler vergessen, direkt vor dem Geschäft, und die Mutter von der Anneli hat es aufs Fundamt gebracht, damit sie zwanzig Schilling herausschindet, aber sie muß genau gewußt haben, das blaue Fahrrad gehört uns! Und den Vater von der Anneli kennst du ja, wie er betrunken auf der Straße liegt. Du mußt einsehen, daß wir die Anneli nicht erlauben! Warum spielst du nicht mit der Leitner Lisi oder mit der Roggenschaub Gundula? Das sind gute Familien wie wir! Du mußt nicht unbedingt mit dem Frühwirthmensch Blumen pflücken gehen! Schämst du dich nicht mit so einer, der die Rotzglocke herunterhängt, weil ihre Mutter sie nicht einmal schneuzt? Daß es dir da nicht graust! Und noch ein letztesmal: wenn mir wieder jemand erzählt, er hat dich mit der Anneli gesehen, gibt es Ohrfeigen und Hausarrest!

Beim Frühwirth haben sie einen Fernsehapparat, und die Löwinger-Bühne ist so wahnsinnig lustig, da setzt sich einer auf einen heißen Ofen und so, sagt die Anneli, sogar der Vater lacht! Ich habe es vorsichtig meinem Vater erzählt, daß ich gehört habe von einer Löwinger-Bühne, da würden wir es lustig haben daheim, wenn wir auch einen Fernsehapparat hätten. Aber mein Vater hat etwas Furchtbares geantwortet, ich bin primitiv oder so, und einen Fernsehapparat kaufen sich nur die Primitiven, und die Anneli sagt, bei jedem Namenstag wird man um ein Jahr älter. Nein, sage ich, nur beim Geburtstag! Aber auch bei jedem Namenstag, sagt sie. Da müßten wir ja schon sechzehn sein, du blödes Proletenmensch, sage ich, und die Rotzglocke hängt dir schon wieder herunter, weißt du das? Ich bin eine Arzttochter, aber du bist ein Arbeiterkind! Ich bin eine Arbeitertochter, sagt die Anneli. Nein, eine Tochter ist man nur bei etwas Hohem, wie Arzt oder so, und du bist ein primitives Proletenmensch, und die Löwinger-Bühne ist nicht lustig, das glaubst du nur! Und deine Mutter hat unser Fahrrad aufs Fundamt gebracht, weil ihr alle solche Primitive seid! Trotzdem wird man bei jedem Namenstag um ein Jahr älter, schreit die Anneli, weil jedes Jahr ein Jahr vergeht bis zum nächsten, und spuckt mir ins Gesicht.

Die Schwester von der Anneli ist keine richtige Schwester. Sie ist ein Kind, aber kein richtiges. Der Kopf ist ganz klein, und die Arme sind weich und lang. Obwohl sie schon fünf Jahre alt ist, kann man mit ihr nicht spielen. Sie ist nur zum Anschauen und zum Füttern. Die Frau Frühwirth schiebt ihr das Futter mit dem Löffel hinein, und wenn die Elvira den Mund zumacht, rinnt es wieder heraus. Die Frau Frühwirth streicht es mit dem Löffel zusammen und schiebt es ihr wieder hinein, bis fast nichts mehr herausrinnt, und die letzten Tropfen, die herausrinnen, fängt sie mit dem Löffel und schluckt sie selbst hinunter. Das dauert lange, bis die Elvira gefüttert ist, aber die Frau Frühwirth schimpft nie. Wie die Elvira stirbt, sagen alle, es ist ein Glück. Aber die Anneli weint, und die Frau Frühwirth besonders. Der Herr Frühwirth hat sich keinen Rausch angetrunken, sondern schön angezogen fürs Begräbnis. Es sind nur ein paar Leute mitgegangen und keine Kinder.

Aber oft ist die Anneli falsch, und dann sage ich: Falsche Katz, rote Haar! Rote Haar, falsche Katz! Und sie packt meinen Zopf und reißt ein ganzes Büschel heraus. Dein Vater ist eh ein Schwarzer, dein Vater ist eh ein Schwarzer! Und ich schreie: Dein Vater ist eh ein Roter, dein Vater ist eh ein Roter!

Einmal habe ich einen schönen Traum gehabt. Meine Mutter sagt, ab heute darf ich mit der Anneli gehen, und die Anneli kommt ins Haus, und wir sitzen im Garten, und der Vater in der Ordination weiß es, daß die Anneli da ist, und die Mutter macht uns eine Jause, und ab heute darf die Anneli jeden Tag zu mir ins Zimmer kommen. Aber dann bin ich aufgewacht. Das habe ich der Anneli erzählt, und sie hat gesagt, ihre Mutter hat auch oft den schönen Traum, daß sie draußen am Friedhof ist, und dort gleich beim Eingang steht das Gitterbett von der Elvira, und die Elvira sitzt drin, und man kann sie füttern.

Sie zeigt auf ihn und sagt: Das ist der Affenzeller Otto. Auf der Promenade ist es finster, und ich kann sein Gesicht nicht sehen, aber ich spüre sofort etwas Wunderbares, und jetzt bin ich mit der

Anneli in den Affenzeller verliebt, und wir passen ihn ab, wenn er Karpfen füttern geht. Wir erzählten es der Leitner Lisi und der Roggenschaub Gundula, und jetzt sind wir alle in den Affenzeller verliebt, nur die Glasner Poldi nicht. Die lassen sie ja nicht heraus. Aber der Affenzeller steht auf die Anneli. Auf dem Weg ins Schwimmbad hat er sie hinten geboxt und ist weitergelaufen und hat gerufen: Frühwirth, wennst nix dagegen hast, dann steh ich auf dich. Die Leitner Gerda heiratet einmal den großen Bruder vom Affenzeller. Deswegen darf die Lisi manchmal mitgehen, und sie weiß, daß der Otto ein eigenes Zimmer hat mit lauter Tierbildern.

Auf einem Zettel von der Anneli steht, daß sie vom Affenzeller Otto hunderttausendeinhundertmillionen Küsse haben will und tausendmilliardensechsbillionen Kinder. Ich habe zurückgeschrieben, daß ich vom Affenzeller zweihunderttausendfünfhundertmillionen Küsse haben will und zehntausendmilliardenzehnbillionen Kinder. Den Zettel hat die Schwester Dorothea abgefangen und still gelesen. Und ich bin schmutzig dagestanden wegen meiner Unkeuschheit.

Aber der Affenzeller ist so wunderbar. Er geht schon in die zweite Gymnasium, da sind die Lehrer Männer und so blöd, daß man sie sekkieren kann, und er sekkiert jeden! Er tut sich gar nichts an, sondern lacht höchstens. Dann muß er aus der

Klasse hinausgehen, weil der Faßl sagt: Entfernen Sie sich! Den haben sie in Physik, und er sagt Sie. Und im Gymnasium zeigt man nicht mit dem Zeigefinger auf, sondern mit zwei Fingern, oder man darf auch mit der ganzen Hand. Darauf freuen wir uns schon, die Leitner Lisi und ich. Nur die Anneli kann sich nicht freuen. Sie kommt in die Hauptschule und muß noch vier Jahre im Kloster bleiben.

Der Mann, der in Untermiete hinten im Hof bei ihnen wohnt, hat es bei der Anneli gemacht. Sie mag ihn so gern, aber das hätte sie sich nie gedacht, daß er so etwas macht. Nachher hat er ihr hundert Schilling geschenkt. Jetzt müssen wir hundert Eis essen, damit die Frau Frühwirth das Geld nicht findet. Wir laden auch die Roggenschaub Gundula ein und die Leitner Lisi. Obwohl die Lisi immer Geld hat, weil sie es einfach stiehlt. Aber der Mann macht es wieder, und die Anneli muß das Geld in den Kanal schmeißen. Später gibt es noch einen, der macht es auch. Er wohnt hinter der Kirche. Aber er streichelt sie nur und gibt ihr nichts, und da geht sie lieber hin, weil er hat so große Bücher mit Fotos, die schaut sie sich nachher immer an.

Seit ich im Gymnasium bin, rede ich nach der Schrift und mit der Anneli gar nichts mehr, weil sie gesagt hat: So blöd, wie du redest. Und ich denke mir, meine Mutter hat recht gehabt, und wenn wir uns in der Stadt begegnen, zufällig, weil ja das Gymnasium auf der anderen Seite ist, weit weg vom Kloster, schauen wir alle zwei weg, damit wir uns nicht grüßen müssen.

MARIE VON EBNER-ESCHENBACH

Der Muff

Die Generalin kam aus der Nachmittagsgesellschaft, an welcher mehrere ausgezeichnete Persönlichkeiten teilgenommen hatten. Sie befand sich in gehobener Stimmung. Man war sehr freundlich gegen sie gewesen, sehr, hatte sie aufgefordert, eine ihrer kleinen Novellen, wenn auch nur die kleinste, vorzulesen.

Für ihr Leben gern wäre sie der Einladung gefolgt, trug jedoch gerade an dem Nachmittag nicht das geringste Manuskriptlein bei sich, und so hatten die Gäste mit liebenswürdiger Resignation auf den Genuß verzichtet. Aber schon die Berücksichtigung, die dem bisher wenig aufgemunterten Talent der Generalin geschenkt worden, tat ihr unendlich wohl.

Man lasse mich mit frühen Triumphen ungeschoren, sie sind nicht selten die Vorboten späterer

Niederlagen, dachte sie. Wer vermag sich von der im raschen, glücklichen Schwung der Jugend erreichten Höhe noch höher emporzuschnellen? Meistens bleibt es bei dem glorreichen Anfang, und was nachkommt, ist ein Sinken, wenn's nicht gar ein Stürzen ist. Da lob ich mir mein bescheidenes Streben, das mich allerdings nicht auf die Höhe, aber doch auf eine Anhöhe geführt hat.

Von den heitersten Vorstellungen umgaukelt, schreitet die große, schmächtige Dame rasch und rüstig dahin; das Gehen wird ihr heute so leicht, als ob die Trottoirs mit Kautschuk gepflastert wären.

Herrliches Wetter! ein kernig kalter Märztag. Merklich früher steht schon die Sonne auf und geht merklich später schlafen. O wie gern sieht der die Tage wachsen, dessen eigener Lebenstag sich bereits zur Neige gewendet hat!

Die Generalin verschränkt behaglich die Hände in ihrem großen Muff – ein wenn auch nicht mehr modernes, doch sehr kostbares und gediegenes Garderobestück – und wandert wohlgemut dahin. Sie hat noch eine gute Strecke Weges vor sich, eilt aber nicht, schlendert vielmehr gemächlich weiter, sieht sich die Vorübergehenden an, möchte jedem bis auf den Grund der Seele schauen, und den Armen, besonders solchen, die nicht betteln, schenkt sie etwas. Sie tut es trotz der Gewissensbisse, die sie dabei empfindet. Geld verschenken auf der

Straße ist ein Unsinn und nationalökonomisch ein Verbrechen. Das ist der Generalin hundertmal und unwiderleglich bewiesen worden, sie hat das Bewußtsein ihres Unrechts und – begeht es dennoch. Das Mitleid, diese, wie in neuester Zeit festgestellt worden, verwerflichste Form des Egoismus, ist zu mächtig in ihr; es überwältigt sie immer wieder von neuem.

Mit dem unvernünftigen Almosenspenden ist es aber auch eine so eigene Sache! Unendlich schwer wird diese üble Gewohnheit ablegen, der einmal ihre ganze Süßigkeit gekostet hat. Du gehst durch die Straßen der großen Stadt, und wenn deine Augen nur offen sind, siehst du in kurzer Zeit das Elend in jeder denkbaren Gestalt; von dem geistigen und moralischen Elend an, das hinter äußerem Glanz verborgen vorbeistolziert, bis herab zu dem Elend des hungernden, vom Tode schon gezeichneten Lasters. Und wenn es dich nun da plötzlich mitten heraus aus der rettungslosen Verkommenheit ansieht mit Augen, die von einer noch unschuldigen Seele erzählen oder von einer im schwersten Kampf geläuterten oder von einer noch hoffenden, noch ringenden, und du antwortest ihrer scheuen Bitte und greifst in deinen Säkkel, greifst ziemlich tief und reichst eine Gabe dar, welche den Armen auf das äußerste überrascht – o des wunderbaren Eindrucks! o der stummen seligen Frage: Das schenkst du mir? Du ganz fremder

Mensch schenkst mir soviel? Und ein unvergeßlicher Blick trifft den Wundertäter, der dem Kinde der Not für ganze Tage die Sorge aus dem Leben nimmt.

Nun, dieses Staunen mit anzusehen, die Freude aufblitzen zu sehen auf dem Antlitz des Kummers, das ist Glück; und wer es einigemal genossen hat und auf den Geschmack gekommen ist und sich's trotzdem aus Überzeugung und aus Tugend versagt, den nenn ich – so schloß die Generalin ihre Betrachtungen – einen Cato vom Standpunkt der Nationalökonomie!

Sie selbst hat nicht das Zeug zu solcher Größe, überhaupt nicht, am wenigsten aber dann, wenn sie sich durch und durch zufrieden fühlt und im Grunde jeden anderen bemitleidet, weil er schwerlich so gut dran sein kann wie sie, der arme andere!

Widerstandslos läßt sie ihrer Torheit den Zügel schießen, bis derselben eine natürliche Grenze gesetzt wird und das Portemonnaie nichts mehr enthält als eine Visitenkarte.

Nachgerade ist es auch Zeit geworden, einen rascheren Schritt einzuschlagen; denn plötzlich hat der Wind sich scharf erhoben und jagt große Schneeflocken durch die Luft. Die gelblichen Flämmchen, die man in den Straßenlaternen wahrzunehmen beginnt, machen darauf aufmerksam, daß die Dunkelheit demnächst einbrechen wird und daß es ihnen nicht einfällt, sie daran zu hindern. Unter solchen Umständen hat die Nebenstraße des Wiener Grabens, in welche die Generalin eben einlenkt, etwas entschieden Unheimliches, und die Dame wäre gar nicht böse gewesen, wieder draußen zu sein.

So eilte sie denn, ohne sich aufzuhalten, an einer Bettlerin vorüber, die auf der steinernen Stufe vor einem geschlossenen Kaufladen saß und sich frierend in den Winkel der Mauer drückte. Der Schnee umwirbelte sie und zerrann auf ihrem tiefgebeugten Haupt, das von einem durchlöcherten Tuch bedeckt war. Ihre Knie hatte sie bis zur Brust heraufgezogen, der dünne Rock reichte kaum bis zu den Knöcheln, die Füße waren mit Fetzen umwickelt und ruhten fest aneinandergepreßt auf einem bißchen Stroh. Ein Ding, das früher ein Muff aus Hasenfell gewesen, jetzt aber nur noch eine zerfetzte Röhre aus Hasenhaut war, sollte den Händen zum Schutze dienen, versah sein Amt aber schlecht; denn diese alten Hände kamen an manchen Stellen vor Kälte zitternd zum Vorschein, und man sah es ihnen wohl an, wie hart sie gearbeitet, bevor sie zu unerwünschter und unerquicklicher Ruhe in den Schoß gelegt worden.

Die Generalin war schon ein Stück Weges weitergegangen, als ihr die ganze Kläglichkeit des im raschen Vorüberschreiten empfangenen Eindrucks vor die Seele trat. Sie kehrte zu der Alten zurück, blieb eine Weile vor ihr stehen, verfolgte mit immer trauriger werdenden Blicken die seltsam zukkenden Bewegungen des zusammengekrümmten Körpers und sagte endlich: «Es ist spät, liebe Frau, gehen Sie doch nach Hause.»

Das Weib blickte empor und erwiderte, sie müsse auf ihre Tochter warten, die erst in einer Stunde von der Arbeit kommen und sie abholen würde.

In einer Stunde! dachte die Generalin – und die Alte macht jetzt schon so verdächtig schläfrige Augen; die ist imstande und erfriert bei drei Grad Wärme. Was anfangen? was anfangen, du lieber Gott! Ein Wachmann, den man rufen und bitten könnte, auf die Arme achtzugeben, ist nicht in der Nähe, und wäre er's, die Generalin würde sich genieren, ihn darum anzusprechen. Die Leute schauen einen bei derartigen Zumutungen meistens so kurios an. Und noch länger dastehen und die Bettlerin betrachten hat auch keinen Sinn. Überdies beginnt die Alte beunruhigt zu werden und fragt sich mit Angst, was denn diese Person will, die sich da vor ihr aufgepflanzt hat und ihr nichts schenkt.

«Gehn S' weg!» sagt sie, «gehn S' weiter!» und die Bangigkeit, das Mißtrauen, die sich dabei an ihren Mienen kundgeben, versetzen die Generalin in eine große Verwirrung. Es kommt ihr auch vor, als ob die Vorübergehenden in sonderbarer Weise nach ihr schielten. Die Situation wird immer peinlicher, und in der Verlegenheit, in der Ratlosigkeit, in dem dringenden Wunsch, sich einen anständigen Rückzug zu sichern, legt die Dame plötzlich ihren Muff der Alten auf die Knie. «Ich hab kein Geld, aber nehmen Sie das und wärmen Sie sich», sagt sie.

«O Jesus! Jesus!...» Das Weib bringt anfangs nur diese Worte heraus; aber als sie aus der ersten Verzückung zu sich kommt, läßt sie auch eine Beredsamkeit los, die mit lautem Geschrei einen Platzregen von Segnungen und Wonnen vom Himmel herunter auf das Haupt der edlen Spenderin beschwört.

Die Generalin entflieht, so schnell sie kann, dem Wortschwall und den Lobpreisungen, die ihr noch von weitem nachgerufen werden, und langt kurze Zeit später glücklich daheim an.

So ganz wohl zumute ist ihr nicht; sie besinnt sich, daß sie ihr Portemonnaie in dem verschenkten Muff vergessen hat, und ärgert sich auch im voraus über das Verhör, dem sie der beiden Dinge wegen von der Kammerfrau unterzogen werden wird.

Die Kammerfrau ist es auch, die auf ihr Schellen öffnet und sie mit der Nachricht begrüßt: «Der Herr General sind schon lange zu Hause.»

«Da geh ich gleich zu ihm hinüber», antwortet die Gebieterin, gibt rasch Hut und Mantel ab und tritt in das Zimmer ihres Mannes.

Der alte Herr erhebt sich beim Erscheinen der alten Frau. Er ist um ein weniges kleiner als sie, hat aber etwas ungemein Energisches; Gang und Haltung verraten den ehemaligen Kavalleristen.

«Kommst du endlich!» ruft er der Eintretenden entgegen, «hat heute wieder schön lange gedauert, die Urschlerei.» Mit diesem Namen pflegt der General die Gesellschaften zu bezeichnen, die lediglich aus Damen bestehen.

«Es waren auch Herren da», entgegnet die Generalin.

«Beneide sie nicht», murmelt der Gatte und zieht den Tisch, auf dem eine Patience aufgelegt ist, zurück, damit seine Frau auf dem Sofa Platz nehmen könne. Er setzt sich ihr gegenüber, stemmt die linke Faust auf den Schenkel und die rechte auf den Tisch und betrachtet die Karten mit scharfen Feldherrnblicken.

«Ist wieder boshaft!» brummt er, «ist ein rechter Bosnickel, nein, was das für ein Bosnickel ist!»

Auch die Generalin vertieft sich in die Betrachtung der Karten und sagt nach längerem Nachsinnen: «Der Sechser geht.»

«Wo ist der Sechser?» fragt der General.

«Rechts, in der zweiten Reihe.»

«Der? ja der! ja den – den leg ich nicht aus.»

«Warum denn nicht?»

«Will nicht.»

«Schöner Grund!»

«Warte auf einen schwarzen Fünfer.»

«Deine schreckliche Methode! Auf die Art kann die Patience nie ausgehen, nie!»

«Liebes Kind», entgegnet der General mit männlichem Ernst, «nimm mir's nicht übel, du hast unrecht. Hier handelt es sich nicht um das einzelne, sondern um das Ganze.»

«Wenn aber das einzelne den Knotenpunkt des Ganzen bildet?»

«Knotenpunkt! Wie du doch bist! Wie du doch kindisch bist! Liebe, ich habe allen Respekt vor deiner Schriftstellerei, aber von Knotenpunkten verstehst du nichts.»

«Wer weiß, vielleicht doch ... warum sollt ich nicht im Grunde ...?»

Die Generalin sprach unsicher und zerstreut, ihre Wangen röteten sich leicht. Zu ihrem Schrekken war die Kammerfrau hereingetreten, durchforschte das Zimmer mit spähenden Blicken und nahm von dem eifrigen Abwinken ihrer Herrin keine Notiz.

«Laß es gut sein, Adele, laß es gut sein», sagte diese endlich in einem Tone, in welchem die dringende Bitte wie ein kühler Befehl klingen sollte.

Und der General, welcher noch der längst überlebten Mode huldigte, in Gegenwart der Dienstleute ein ihm nicht ganz geläufiges Idiom zu gebrauchen, fragte: «Qu'est-ce que veut-elle donc?»

«Ich suche den Muff», sprach Adele, «die gnädige Frau haben den Muff nicht mitgebracht, und hier ist er auch nicht.»

«Nun, wenn ich ihn nicht mitgebracht habe, kann er auch nicht hier sein», versetzte die Generalin. «Gehen Sie nur, Adele.»

Der treuen Dienerin war diese wiederholte Abweisung ein Stich ins Herz, und ihre tiefe Verletztheit äußerte sich in der Miene, mit der sie hervorstieß: «Aber der Muff ist weg!»

Der General wandte rasch den Kopf und fragte kurz: «Was Muff? wer ist Muff?»

«Der große, der schwarze, der schöne Muff», entgegnete Adele, und die Generalin bemerkte krampfhaft lächelnd: «Groß und schwarz allerdings, aber schön ... daß er schön war, hat ihm wirklich schon lange niemand mehr nachsagen können.»

«Mag er nun sein, wie er will», erklärte der Mann, «da muß er sein!»

«Man muß ihn halt wieder abholen», sprach Adele, «die gnädige Frau haben ihn halt liegen lassen in der Gesellschaft, wo Sie gewesen sind.»

«Ich habe ihn dort nicht liegen lassen.»

«Euer Gnaden haben das neulich auch gesagt, wie Euer Gnaden aus dem Theater gekommen sind und wie ich gesagt habe, das Taschentuch ist nicht da. Und am andern Tage hat's der Logenmeister gebracht.»

«So? Hat er's gebracht? ... Aber, Adele, warum verschweigen Sie mir das?»

«Dergleichen haben Sie sogleich zu melden», rief der General, und Adele jammerte: «Wie soll ich's denn melden? Wann denn? Man darf ja nichts reden, weil ja die gnädige Frau immer dichtet beim Ankleiden.»

Die Generalin biß sich auf die Lippen; es war ihr stets beschämend, wenn ihre Dienerin ihr die Schriftstellerei vorwarf. Der General runzelte die Stirn, richtete sich steif auf und sagte zu seiner Frau: «Voyez-vous?» zur Kammerfrau jedoch: «Besorgen Sie jetzt den Tee.»

Adele entfernte sich mit dem Schritt einer gefangenen Königin vor dem Wagen eines römischen Triumphators. Der General kreuzte die Arme, beugte sich vor, blickte seiner Frau in die Augen und fragte: «Klotilde, was ist's mit dem Muff?»

Sie senkte den Kopf und, nach einem um Vergebung bittenden Blick, auch die Augen und sprach: «Fritz – ich habe ihn verschenkt.»

Er fuhr heftig zusammen, sein Gesicht drückte Gram aus. «Verschenkt! ... Hast du vergessen, daß er von meiner verstorbenen Tante herstammt?»

«Fritz – ja! In dem Augenblick, in dem ich ihn verschenkte, habe ich das vergessen.»

«Dann», versetzte der General wehmütig, «wäre es zwecklos, dich jetzt daran zu erinnern. Aber sagen will ich dir doch, Klotilde: ich habe im stillen seit langer Zeit auf den Muff spekuliert. Ich hätte mir gern einen Fußsack für meinen Jagdschlitten daraus machen lassen; ich habe es dir aber verschwiegen aus Delikatesse ... Das habe ich getan, du aber ...»

Die Generalin fiel ihm ins Wort: «Mach mir keine Vorwürfe, Bester; ich bin genug gestraft.»

Sie war's; er sah es deutlich ausgesprochen auf ihrem Antlitz, in dem er seit vierzig Jahren zu lesen gewohnt war, und so erfüllte er denn großmütig ihre Bitte und fragte nur mild: «Ich möchte aber wissen, an wen du ihn verschenkt hast.»

«An eine Greisin, lieber Fritz, eine unglückliche, hilflose, die vielleicht erfroren wäre ohne ihn ...»

«Papperlapapp!»

«... und für die der alte Muff eine Wohltat ist, die vorhalten wird bis ans Ende ihrer Tage, ein wahres Lebensgut. So verzeih denn, bester Mann, und wenn du mir noch etwas zuliebe tun willst ...» Klotilde ging aus ihrer elegischen Weise in eine muntere über, griff nach der Hand ihres Mannes, zog sie rasch an sich und drückte, bevor er's wehren konnte, einen Kuß darauf: «So lege den Sechser aus.»

Seufzend fügte sich der General dem Wunsche seiner Frau; aber es geschah zum Unheil, denn wie die scharfsinnigen Kombinationen, die er später anstellte, erwiesen, konnte die Patience vom Moment an, in dem die verhängnisvolle Karte ausgelegt worden war, nicht mehr gelingen. Den Mann verstimmte das ein wenig, für die Frau gab es an dem Tage nichts, das imstande gewesen wäre, ihre Heiterkeit zu stören. Und als sie zur Ruhe gegangen war und die Augen schloß, da schwebte ein Bild eines welken Greisenangesichts, von heller Freude verklärt, vor ihr empor, und sie schlief ein, gewiegt von Empfindungen, um welche die Landgräfin Elisabeth von Thüringen Ursache gehabt hätte, sie zu beneiden.

Am nächsten Morgen würde die Generalin ihres gestrigen kleinen Abenteuers nicht mehr gedacht haben ohne die schroffe Einsilbigkeit, die Adele ihrer Herrin gegenüber beobachtete. – Das wird nicht gut, dachte diese, bevor ein umfassendes Geständnis abgelegt ist. Und ich bin es ihr ja schuldig; habe ich doch eigenmächtig über einen Gegenstand verfügt, auf den sie durch die treue Hut, in welcher sie ihn mehr als ein Menschenalter hindurch gehalten, unbestrittene Rechte erworben hat.

Die Generalin war eben im Begriff, ihre Beichte zu beginnen, als die Hausglocke, mit unerhörter Heftigkeit in Bewegung gesetzt, ertönte. Man hörte die Tür öffnen und zuschlagen, und aus dem Vorzimmer herüber gellte Weibergeschrei, kreischend, durchdringend; der Generalin war die

Stimme, wie ihr schien, nicht ganz fremd. Dazwischen donnerte ein ihr unbekannter kräftiger Baß.

Einige bange Sekunden, dann sagte die Gebieterin: «Sehen Sie doch nach, was es gibt, Adele.» Aber bevor Adele, bei welcher sich zugleich mit akuter Stummheit auch immer Schwerhörigkeit einstellte, dem Wunsche nachgekommen war, trat der General ein, in aller Gottesfrühe schon sorgfältig gekleidet, stramm, militärisch. Seine Brauen waren zusammengezogen, sein Adlergesicht hatte einen drohenden Ausdruck.

«Voyez dans l'antichambre!» sprach er zu seiner Frau, und sie, mit versagendem Atem, von unbestimmten, aber schrecklichen Ahnungen erfüllt, ging ins Vorzimmer.

Da stand das Unheil in zweifacher Gestalt: in lärmender – derjenigen der Bettlerin von gestern; in würdevoll stummer – derjenigen eines ungeheuer langen, pfahlgeraden Wachmannes, der den Muff und das Portemonnaie der Generalin in seinen Händen hielt.

Der Diener, die Dienerin, das Stubenmädchen waren auch zur Stelle, ohne Zweifel einem unbewußten künstlerischen Triebe gehorchend, um das Tableau durch Ausfüllung des Hintergrundes zu vervollständigen.

Sobald die Generalin sich zeigte, wurde sie von dem alten Weibe mit ohrenzerreißendem Siegesgeschrei begrüßt.

«Da ist sie! Da ist sie ja – jetzt können Sie s' selber fragen!» rief die Bettlerin dem Wachmann zu, stürzte der Generalin entgegen und faßte sie beim Arm: «Und Sie, Sie sagen ihm's jetzt gleich auf der Stell: Bin i a Diebin? Hab i gestohln? Habn Sie mir die verdammte Grenadiermützen geschenkt oder nit?»

«Geschenkt», sagte die Generalin, «jawohl, ganz gewiß. Ich habe der armen Frau diesen Muff geschenkt.»

«Haben Euer Exzellenz ihr auch dieses Portemonnaie geschenkt?» fragte der Wachmann und hob das vermeinte Corpus delicti in die Höhe.

«Eigentlich – nein ... eigentlich habe ich vergessen, es aus dem Muff zu nehmen», lautete die Antwort, die der Diener der Gerechtigkeit mit dem frohlockenden Ausruf begrüßte: «Und sie – hat's ausgeleert!»

Die Alte stieß ein Hohngelächter hervor, und die Generalin rief: «Nein, nein! Es war schon leer.»

«Leer? Das Portemonnaie Eurer Exzellenz leer?» versetzte der Wachmann mit leisem und ehrerbietigem Zweifel.

«Bis auf eine Visitenkarte – ja.»

Der Wachmann ist betroffen, und die Bettlerin bricht in eine leidenschaftlich wilde Anklage gegen ihn aus. Aber auch die Generalin bleibt nicht verschont: «I hab nix gstohln», wettert die Alte ihr zu, «aber mir kann was gstohln wern – Ihnere Wohltaten! Auf d' Polizei haben mi Ihnere Wohltaten gführt: Fünfundsechzig bin i alt, aber dös is mir noch nit gschegn, daß i a ganze Nacht auf der Polizei hätt übernachten missen mit allerhand Gsindel, und wenn der Herr Kommissar mi net kennt hätt, weil i amol Kohlen bei ihm trogen hab, i sitzet no und könnt sitzen, bis die gnädige Frau ihre Vorladung kriegt.»

«Meine Vorladung?» stammelte die Generalin mit trockenen Lippen.

«Ganz natirli, zur Konfrottierung. Nur weil er mi kennt und der gnädigen Frau ihren Herrn a, hat er mi herglassen mitn Wachmann. Aber was nutzt dös alls? Gsessen bin i doch. Und was mei Tochter wird gsagt habn, wie s' kommen is gestern und mi nit gfunden hat auf meinm Platzl – was die sich wird denkt habn, dös z' hören steht mir noch aus.» Sie wurde weich, ein Tränenstrom rann über ihre Wangen.

«Ach ja, Ihre Tochter!» sagte die Generalin. «Ihre Tochter müssen Sie mir jedenfalls bringen, damit ich mich bei ihr entschuldigen kann.»

«Entschuldigen war schon recht», sagte die Alte schluchzend, wenn auch bereits etwas besänftigt, «aber mitn Entschuldingen alleinich wird s' es nit tun. Da wer mer um a bissel an Nachguß bitten, um a bissel a Schmerzensgeld für die ausgstandenen Wohltaten, mei Tochter und i.»

Die Generalin freute sich, die Bekanntschaft der Tochter zu machen, und entließ unter Assistenz des Generals, der sich von dem Stand der Verhandlungen zu überzeugen kam, den Wachmann und die Bettlerin – nicht unbeschenkt, wie sich von selbst versteht.

Das Weib nahm dankbar alle gespendeten Gaben an, nur den Muff wollte sie sich nicht aufnötigen lassen. «Den schwarzen Bären», erklärte sie, «können S' wem andern anhängen – ich hab genug von ihm.»

«Nun, Liebe?» sagte eine Stunde darauf der General zu seiner Frau, die er in ihrem Zimmer aufsuchte und recht traurig fand.

Sie nickte ihm zu. «Was, lieber Fritz?»

«Ich werde von nun an ein schärferes Auge auf dich haben, Gattin, sonst kommst du mir einmal noch mit einem entzweigeschnittenen Mantel nach Hause wie der heilige Martin.»

«Martin? Sei ruhig, den nehm ich mir nicht zum Muster.»

«Gott sei Lob und Dank. Ich brauche also nicht zu fürchten, daß du ihm die Mantelteilung nachmachst?»

«Gewiß nicht.»

Die Generalin schüttelte ernst und mißbilligend den Kopf: «Diese Tat war mir immer rätselhaft. Ich hoffe nur, der Heilige hatte vorher schon sein Wams verschenkt, sonst schiene es mir unbegreiflich, daß er einem armen Unglücklichen nicht einmal einen ganzen Mantel gegönnt haben sollte.»

«Du bist unverbesserlich, Gattin», rief der General, streckte ihr aber plötzlich die Hand entgegen und setzte freundlich hinzu: «Gottlob!»

LIV ULLMANN

Rückkehr

Eines Tages kommen Linn und ich wieder einmal auf die Insel, auf der wir vor langer, langer Zeit viele Jahre gelebt haben.

Linn wird den Sommer bei ihrem Vater und seiner jetzigen Frau verbringen. Ich bin nur für ein paar Tage dabei.

Vor allem, um Ingmar zu treffen, aber auch, um die Insel wiederzusehen; zu spüren, wie sehr ich noch mit ihr verwachsen bin. Um ein paar Menschen zu treffen, die mir nahestanden. Um einen geliebten Hund wiederzusehen.

Linns Vater holt uns vom Flughafen ab.

Es ist ein eigenartiges Gefühl, wieder hier zu sein. Wir fahren durch die vertraute Landschaft. Die Blumen – der Staub am Straßenrand – die Touristenschlange an der Anlegestelle der Fähre –

eine etwas stürmische Überfahrt – dann eine kargere Umgebung – immer weniger Autos.

Zuletzt sind wir allein auf einer Waldstraße, die fast niemand kennt.

«Willkommen», sagt er und lächelt.

Linn springt aus dem Wagen, noch ehe wir da sind, um nach Walderdbeeren zu suchen.

Ingrid, seine Frau, steht in der Eingangstür. Sie sieht braungebrannt und glücklich aus – ein Band hält ihr langes Haar zusammen. Sie ähnelt einer anderen Frau, die einmal unter jener Tür auf Gäste wartete. Ein kleiner Knoten im Magen.

Ich merke auch, daß sie mehr Sicherheit besitzt als die andere, ruhiger, gelöster ist. Das tut gut zu wissen. Linn kommt sehr gern hierher, zum Teil auch ihretwegen.

«Du bist im Gästehaus untergebracht», sagt sie. «Wir haben uns so auf deinen Besuch gefreut. Ich habe Champagner gekauft.»

Es ist schwer zu schlucken. Er hat im Wagen das gleiche gesagt – warum trifft es mich tiefer, wenn *sie* es ausspricht? Ich weiß, daß ich nie imstande sein werde, ihr zu sagen, wie dankbar ich bin – nicht nur dafür, daß ich seine Freundschaft spüre, sondern auch dafür, daß sie es mir ermöglicht hat, an einen Ort zurückzukehren, der lange Zeit *mein* Zuhause war.

Nichts ist verändert. Selbst die Möbel stehen am alten Platz. Der Kreis hat sich geschlossen.

Nichts hat ein Ende. Wo man einmal Wurzeln geschlagen hat, die dem besten, wahrsten Selbst entsprangen, dort findet man immer ein Zuhause.

Rückkehr bedeutet nicht, daß man wiederaufsucht, was verlorenging. Ich kann über die vertrauten Pfade wandern, ohne daß der Gedanke an andere Füße, die jetzt diese Wege genießen, Bitterkeit in mir auslöst.

Das Meer ist da – wie immer.

Ich kann mich an den Eßtisch setzen und dieselben Messer und Gabeln und Gläser benutzen, die ich einmal gekauft habe, und bin ein wenig traurig dabei, aber gleichzeitig weiß ich, daß ich noch immer zu diesem Haus gehöre – zu seinen engsten Freunden.

Ich bin gerührt darüber, daß sich so wenig geändert hat; und ich mag sie darum. Sie hat nicht versucht, mich von hier zu vertreiben.

Ingmar ist da.

Menschen, deren Leben sich einmal berührt haben, müssen, auch wenn sie verschiedene Richtungen eingeschlagen haben, eine neue Form der Beziehung finden. In der ihr neues Leben ein Teil ihrer gegenwärtigen Gemeinsamkeit wird.

KATHERINE MANSFIELD

Miss Brill

Obwohl das Wetter strahlend schön war – der blaue Himmel goldbestäubt und große Lichtflecke wie Weißwein über die *Jardins Publiques* gespritzt–, war Miss Brill doch froh, daß sie sich für ihre Pelzboa entschieden hatte. Es war windstill, aber wenn man den Mund öffnete, spürte man ein leichtes Frösteln, wie man es spürt, ehe man an einem Glas Eiswasser nippt, und dann und wann kam ein Blatt angesegelt – von irgendwoher aus dem Himmel. Miss Brill hob die Hand und berührte ihre Boa. Das liebe kleine Tier! Wie schön, es wieder anzufühlen! Am Nachmittag hatte sie es aus der Schachtel genommen, hatte das Mottenpulver herausgeschüttelt, es tüchtig gebürstet und dann wieder Leben in die matten kleinen Augen gerieben. ‹Was ist mir nur zugestoßen?› hatten die traurigen kleinen Augen gefragt. Oh, wie niedlich sie wieder von der roten Daunendecke zu ihr aufblitzten!... Aber die Nase, die aus einem schwarzen Material bestand, war gar nicht mehr fest. Sie mußte irgendwann einen Stoß abbekommen haben. Einerlei! Wenn es nötig würde, genügte ein Kleckschen schwarzer Siegellack ... erst dann, wenn es unbedingt nötig war ... Der kleine Rakker! Ja, sie empfand es wirklich so. Ein kleiner Racker, der sich in den Schwanz biß – dicht an ihrem linken Ohr. Am liebsten hätte sie ihn abgenommen, auf ihren Schoß gelegt und gestreichelt. In den Händen und Armen verspürte sie ein leichtes Kribbeln, aber das kam vermutlich vom Gehen. Und wenn sie atmete, schien sich etwas Leichtes und Trauriges – nein, nicht richtig Trauriges, etwas Sanftes in ihrer Brust zu regen. Am heutigen Nachmittag waren viele Leute im Freien, viel mehr als am letzten Sonntag. Und die Kapelle spielte lauter und fröhlicher. Das war, weil die Saison begonnen hatte. Denn obgleich die Kapelle an den Sonntagen das ganze Jahr über spielte, war es außerhalb der Saison nie dasselbe. Es war, wie wenn jemand nur für seine Familie als Zuhörerschaft spielte. Wenn keine Fremden da waren, war es der Kapelle gleichgültig, wie sie spielten. Und trug nicht auch der Kapellmeister einen neuen Rock? Sie war überzeugt, daß er neu war. Er scharrte mit dem Fuß und schwenkte seine Arme genau wie ein Gockelhahn, bevor er kräht, und die Musikanten, die in der grünen Rotunde saßen, bliesen die Backen auf und starrten auf die Noten. Jetzt kam eine kleine Flötenpassage – sehr hübsch! Eine kleine Kette glänzender Tropfen. Sie war sicher, daß es wiederholt werden würde – und es wurde wiederholt! Sie hob den Kopf und lächelte.

Nur zwei Leute teilten ihren Lieblingsplatz mit

ihr: ein schmucker alter Mann in einer Samtjacke, dessen Hände auf einem wuchtigen geschnitzten Spazierstock lagen, und eine dicke alte Frau, die sich gerade hielt und ein Strickzeug auf ihrer gestrickten Schürze liegen hatte. Sie sprachen nicht. Das war enttäuschend, denn Miss Brill freute sich immer auf eine Unterhaltung. Sie fand, daß sie es darin schon zu einer ziemlichen Fertigkeit gebracht hatte: zuzuhören, als höre sie nicht zu, und für eine kurze Minute in andrer Leute Leben zu sitzen, wenn um sie her gesprochen wurde.

Sie streifte das alte Paar mit einem Seitenblick. Vielleicht gingen sie sogar bald wieder. Auch der vorige Sonntag war nicht so interessant wie sonst oft gewesen. Da war's ein Engländer mit seiner Frau – er mit einem scheußlichen Panamahut und sie mit Knopfstiefeln! Und die ganze Zeit hatte sie darüber geredet, daß sie eine Brille haben müsse, daß sie wisse, sie brauche eine, daß es jedoch nicht sinnvoll wäre, eine zu kaufen, denn sie würde bestimmt zerbrechen und nie gut sitzen. Er schlug alles Mögliche vor: eine goldene Fassung, Bügel, die sich um die Ohren bogen, oder einen kleinen Belag unter dem Steg. Nein, nichts war ihr recht gewesen. «Sie wird mir doch bloß die Nase herunterrutschen!» Miss Brill hätte sie am liebsten geschüttelt.

Die alten Leute saßen so still wie Statuen auf der Bank. Einerlei, ihr blieb immer noch die Menschenmenge, die sie beobachten konnte. Hin und her, vor den Blumenbeeten und um die Rotunde wandelten sie in Paaren und Gruppen, blieben stehen, um zu plaudern, sich zu begrüßen oder eine Handvoll Blumen von einem alten Bettler zu kaufen, der seine Auslage am Gitter befestigt hatte. Kleine Kinder rannten zwischen ihnen umher, jachterten und lachten; kleine Jungen hatten große weiße Seidenschleifen unter dem Kinn; kleine Mädchen waren wie französische Puppen in Samt und Spitzen herausstaffiert. Und manchmal kam ein winziger Knirps unter den Bäumen hervor ins Freie gewackelt, blieb stehen, staunte und plumpste genauso unvermittelt hin, bis seine kleine Mama auf hohen Absätzen und wie eine Glucke scheltend zu seiner Rettung angestürzt kam. Andere Leute saßen auf Bänken und grünen Stühlen, aber das waren Sonntag für Sonntag fast immer dieselben, und Miss Brill hatte oft bemerkt, daß fast allen etwas Komisches anhaftete. Sie waren wunderlich, schweigsam, fast alle alt, und nach der ganzen Art, wie sie vor sich hinstarrten, hätte man glauben können, sie kämen gerade aus dunklen kleinen Kammern – oder gar Kabuffs!

Hinter der Rotunde reckten sich schlanke Bäume mit niederhängenden gelben Blättern, und zwischen ihnen als feine Linie das Meer, und dahinter der blaue Himmel mit den goldgeäderten Wolken.

Tumm-tumm-tumm ta-ta-tumm! Ta-ta-tumm! Tumm-di-del-dumm! blies die Kapelle.

Zwei junge Mädchen in Rot schlenderten vorbei, und zwei junge Soldaten stießen zu ihnen, und sie lachten und gingen paarweise Arm in Arm weiter. Zwei Bäuerinnen in komischen Strohhüten gingen ernst vorbei und führten zwei schöne rauchgraue Esel am Zaum. Eine schöne Dame kam einher und ließ ihren Veilchenstrauß fallen, und ein kleiner Junge rannte ihr nach, um sie ihr zu geben, und sie nahm sie und warf sie weg, als seien sie vergiftet. Lieber Himmel! Miss Brill wußte nicht, ob sie es bewundern sollte oder nicht. Und jetzt, genau vor ihr, begegneten sich eine Hermelintoque und ein Herr in Grau. Er war groß und steif und würdevoll, und sie trug die Hermelinkappe, die sie gekauft hatte, als ihr Haar noch blond war. Jetzt hatte alles – ihr Haar, ihr Gesicht und sogar ihre Augen – dieselbe Farbe wie der schäbige Hermelin, und die Hand in den gereinigten Handschuhen, die sie hob, um ihre Lippe zu betupfen, war eine winzige gelbliche Klaue. Oh, sie war so erfreut, ihn zu sehen, geradezu entzückt! Sie hatte beinah angenommen, daß sie sich heute nachmittag begegnen würden. Sie erzählte, wo sie gewesen war, überall, hier und dort und am Meer. Ein so bezaubernder Tag – fand er nicht auch? Und würde er vielleicht ...? Aber er schüttelte den Kopf, zündete sich eine Zigarette an, blies ihr langsam eine große Rauchwolke ins Gesicht und warf, während er noch sprach und lachte, das Zündholz weg und ging weiter! Die Hermelintoque war allein; sie lächelte strahlender denn je. Aber sogar die Kapelle schien zu wissen, wie ihr zumute war, und spielte weich, spielte zärtlich, und die Trommel hämmerte wieder und immer wieder: ‹Der Lümmel! Der Lümmel!› Was würde sie jetzt tun? Was würde geschehen? Doch während Miss Brill sich noch Gedanken machte, drehte die Hermelintoque sich um, als hätte sie drüben jemand anderen gesehen, einen viel Netteren, und tippelte davon. Und die Kapelle spielte wieder anders, spielte schneller, spielte fröhlicher denn je, und das alte Paar auf Miss Brills Bank stand auf und zog ab, und ein sehr ulkiger alter Mann mit einem langen Backenbart humpelte im Takt zur Musik vorbei und wäre beinah von vier Arm in Arm gehenden Mädchen über den Haufen gerannt worden.

Oh, wie interessant es war! Wie sie es genoß! Wie sie es liebte, hier zu sitzen und alles zu beobachten! Es war wie im Theater, genau wie eine Theatervorstellung. Wer konnte es glauben, daß der Himmel dort hinten nicht ein gemalter Hintergrund war? Doch erst, als ein kleiner brauner Hund ehrpusselig einhergetrabt kam und dann langsam wegtrapste wie ein Theaterhündchen, ein Hündchen, das eine Spritze bekommen hatte –

erst da fand Miss Brill heraus, warum alles so aufregend war. Es kam daher, weil *sie alle* auf der Bühne waren. Sie waren nicht nur Publikum und schauten nicht nur zu, sondern sie spielten mit! Auch sie hatte ihre Rolle und kam jeden Sonntag. Bestimmt wäre es jemandem aufgefallen, wenn sie einmal nicht hier gesessen hätte: sie gehörte schließlich auch zur Vorstellung! Wie merkwürdig, daß sie es niemals so betrachtet hatte! Und doch erklärte es, weshalb sie darauf bedacht war, jede Woche zur genau gleichen Zeit von zu Hause aufzubrechen: um ihren Auftritt nicht zu verpassen! Und es erklärte auch, weshalb sie eine wunderliche Scheu empfand, ihren Englisch-Schülern zu erzählen, wie sie ihre Sonntagnachmittage verlebte. Kein Wunder! Miss Brill hätte beinah laut aufgelacht. Sie gehörte auf die Bühne! Sie dachte an den kränklichen alten Herrn, dem sie an vier Nachmittagen der Woche aus der Zeitung vorlas, während er im Garten sein Nickerchen hielt. Sie hatte sich ganz an den gebrechlichen Kopf auf dem Baumwollkissen gewöhnt, an die tiefliegenden Augen, den offenen Mund und die scharf hervortretende, schmale Nase. Wäre er tot gewesen, hätte sie es vielleicht wochenlang nicht gemerkt – es wäre ihr gar nicht aufgefallen! Doch plötzlich erfuhr er, daß ihm die Zeitung von einer Schauspielerin vorgelesen wurde! «Von einer Schauspielerin?» Der alte Kopf hob sich; in den alten Augen glommen zwei Lichtfunken auf. «Sie? Eine Schauspielerin?» Und Miss Brill glättete die Zeitung, als wäre sie ihr Rollenheft, und erwiderte sanft: «Ja, ich war lange Zeit Schauspielerin!»

Die Musikkapelle hatte eine Pause gehabt. Jetzt begannen sie wieder. Und was sie spielten, war warm und sonnig, und doch klang ein leichtes Erschauern mit, irgendein – was war es nur? – etwa Traurigkeit? Nein, nicht Traurigkeit, sondern etwas, was zum Singen anregte. Die Melodie schwang sich auf, hoch hinauf, und das Licht glänzte; Miss Brill glaubte, im nächsten Augenblick würden alle, die ganze Gesellschaft, zu singen anfangen. Die Jungen, die Lachenden, die zusammen umhergingen, würden anfangen, und dann würden die Männer entschlossen und kräftig mit ihren Stimmen einsetzen. Und dann auch sie, auch sie, und die andern auf all den Bänken würden einfallen, eine Art Begleitung anstimmen – etwas Leises, das kaum anstieg oder sank, etwas so Schönes, Ergreifendes ... Und Miss Brills Augen füllten sich mit Tränen, und lächelnd blickte sie auf all die Mitglieder ihrer Truppe. Ja, wir verstehen, wir verstehen, dachte sie – doch was sie verstanden, das wußte sie nicht.

Gerade in diesem Augenblick kamen ein junger Mann und ein junges Mädchen und setzten sich dorthin, wo das alte Paar gesessen hatte. Sie waren wundervoll angezogen, und sie waren verliebt.

Natürlich! Held und Heldin, soeben von ihrer Jacht eingetroffen! Und Miss Brill – noch immer lautlos singend, noch immer mit dem zitternden Lächeln – war bereit zu lauschen.

«Nein, nicht jetzt», sagte das Mädchen. «Nicht hier! Ich kann nicht!»

«Aber warum nicht? Wegen der dummen Alten auf der andern Ecke? Warum kommt die überhaupt her? Wer will sie? Warum läßt sie ihre dumme alte Fratze nicht zu Hause?»

«Ihr Pelz ist so ko-komisch», kicherte das Mädchen. «Er sieht genauso aus wie'n gebratener Weißfisch!»

«Ach, hör schon auf damit!» flüsterte er ärgerlich. Dann: «Aber sag mir, *ma petite chère* ...»

«Nein, nicht hier», sagte das Mädchen. «*Noch* nicht!»

Auf dem Heimweg kaufte sich Miss Brill meistens eine Scheibe Honigkuchen beim Bäcker. Es war der sonntägliche Leckerbissen. Manchmal war eine Mandel in ihrem Stück, und manchmal auch nicht. Das spielte eine besondere Rolle. Wenn eine Mandel drin war, dann war es, als trüge man ein kleines Geschenk heim, eine Überraschung, etwas, das ebensogut nicht hätte dabeisein können. An den Mandelsonntagen beeilte sie sich und zündete das Streichholz für den Teekessel geradezu mit Schwung an.

Doch heute ging sie am Bäckerladen vorbei, erklomm die Treppe, betrat das kleine dunkle Zimmerchen – ihr Kabuff – und setzte sich auf die rote Steppdecke. Lange saß sie dort. Die Schachtel, aus der die Pelzboa gekommen war, stand am Fußende. Schnell öffnete sie die Schließe; schnell, ohne hinzusehen, legte sie den Pelz hinein. Aber als sie den Deckel drüberstülpte, glaubte sie, etwas weinen zu hören.

GABRIELE WOHMANN

Zwei Frauen im Spiegel

Also ich persönlich, ich kann mir nicht helfen, aber ich habe nun mal alle diese Probleme nicht, sagte Anja Lenz zur ungefähr gleichaltrigen Frau Feiertag. Zu Margret Feiertag. Die beiden Frauen waren im Verlauf des neuen Gymnastikkurses in einen freundschaftlichen Zustand geraten. Doch immerzu störte so eine leichte Verkrampftheit, selbst nach einer Stunde Lockerung; Druck und Last von Wettbewerb, in dem es nicht darum ging, wer mit seiner Muskulatur und seinen Gelenken besser zurechtkam. Sie hatten nie darüber gesprochen, aber in der von Mittwoch zu Mittwoch sich steigernden Zutraulichkeit, mit der Frau Feiertag – Margret! – ihr zur Begrüßung entgegenlächelte, erkannte Anja Lenz sozusagen ihren eigenen Wunsch wieder. Sie sollten einander näherkommen. Und das Preistreiberische zwischen ihnen mildern. Sie wollten zwar noch dabei bleiben, sich per *Sie* anzureden, aber mit den Vornamen.

Vielleicht hat es ja damit zu tun, daß ich zwei Söhne habe, ich meine nur so, man macht so einiges mit, könnte abhärtend sein, oder? Anja Lenz, wenn auch auf diese Wärme zwischen ihr und der anderen weiblichen Person aus, empfand sehr wohl, daß sie schon durchs Heraufbeschwören von echten, eigenen, fürs Leben stählenden Söhnen wieder einen mißgünstigen Vorteil buchte. Ich kenne Mütter, die anders drüber denken, sagte Margret Feiertag. Ich höre mir da Dinge an, die mir nicht gerade die Tränen der Sehnsucht nach Söhnen in die Augen treiben.

Prima gelungen, diese Anführungszeichen um die Söhne herum! Anja belästigte plötzlich eine Art von inwendigem Erscheinungsbild, auf dem Mischa und Leo sich als zwei lahme langweilige Übergrößen in die Polstergruppe flegelten, zu Besuch bei den Eltern, wozu ihnen allen ja auch überhaupt nichts mehr einfiel, so daß demnach dieses Innenfilmchen eine Wahrheit verkündete.

Ich bin trotzdem für Authentizität, Margret.

Man liebt Sie vermutlich, als Mutter, ich nehme an, daß es das ist, Anja.

Die ersehnte Herzlichkeit fand nur noch in der Aussprache ihrer Vornamen statt. Anja Lenz streifte ihr kornblumenblaues Oberteil über die kurze Frisur. Als Originalblondine schaffte man leichter den Übergang Ergrauen, dacht sie bei aufkommender Zuversicht. Man sah, mit ungewiß gemasertem Befund, doch mehr nach freier Wahl und selbständiger Entscheidung aus. Beim Blick auf die seit dem Wochenende zu glanzlos und zu eindeutig schwarz gewordenen Haare von Margret Feiertag gewann sie diesen heiklen Mut zu sich selber, der mit den Schwachheiten anderer eng verknüpft war. Und warum überhaupt hörte sie so gern zu, wenn die Gymnastikgefährtin ihr berufliches Leid klagte? Kompensierte das ein wenig am Status einer Hausfrau herum? Sie hatte Leben geboren, sie war Mutter zweier Söhne, durch sie war die Menschheitsgeschichte fortgesetzt worden, aber Margret Feiertag hatte einen Beruf. Hatte Streß und gab eine Einkommensteuererklärung ab.

Vielleicht ist es auch nicht das Geschickteste, als Oberstudienrätin ‹Feiertag› zu heißen, sagte Anja Lenz jetzt, und schob *Margret* etwas verspätet nach.

Ach, tolerant sind Sie durchaus, eher viel zu gleichgültig, um wegen so was in Stimmung zu kommen, Anja, sagte Margret Feiertag.

Tut mir leid, sagte Anja Lenz, aber ich komme nun mal prima aus mit der Jugend.

Ihre Söhne, das ist noch lang nicht *die Jugend*, sagte Margret Feiertag. Übrigens, die lesen ja diesen querköpfigen Philosophen, Feyerabend, schon davon gehört?

Auch Margret Feiertag vergaß es offenbar, daß sie, ohne Absprache, nett zueinander sein wollten. Anja Lenz wurde betrübt und mit dem Umkleiden fertig. Natürlich, natürlich, sagte sie. Und Marcuse, oder nicht?

Wovon es zwei gibt beziehungsweise gab, sind nicht mehr so in, sagte Margret Feiertag, der gar nicht aufzufallen schien, daß der Friseur ihr Haar verpfuscht hatte.

Wenigstens habe ich nicht das Krampfaderproblem, wenn auch das mit der Jugend. Sie haben damit zu tun, was Anja?

Das ist mehr ein Verödungsproblem, sagte Anja. Margret!

Ja, ja bitte? Anja?

Ach, nichts Margret.

Zu Hilfe, Margret! So weit dürfen wir es nicht kommen lassen! Einer richtigen Klage-Arie hörte Anja bei sich selber zu. Die sang sich da im Bewußtsein ab. Ekelhaft, daß sie trotzdem, einem Trieb folgend, weitermachte:

Welchen Friseur müssen Sie dafür verklagen, Margret?

Margret Feiertag verstand die Gestensprache sehr gut, Anja Lenz konnte das von ihrem Gesicht ablesen, aber sie stellte sich ahnungslos.

Was denn, wieso? Anja?

Nun, Margret, er hat Ihre Haare auf dem Gewissen.

Das fand ich bisher gar nicht, Anja, wirklich nicht.

Margret Feiertag betrachtete ohne besondere Scheu ihr vom Turnen noch frisches, ein bißchen zu frisches, zu gut durchblutetes, eben leicht rotes Gesicht im schmiedeeisern gerahmten eiförmigen Spiegel.

Es handelt sich nicht nur um die Farbe, Margret. Es ist auch die Struktur. Diese ganzen Chemikalien, sie sind nicht ungefährlich. Aber gut, wenn Sie zufrieden sind ...

Bin ich, bin ich, Anja.

Fabelhaft, Margret. Kann sein, daß ich extrem reagiere. Was auch auf die Söhne zurückginge, nicht wahr, ich meine, man setzt sich in jeder Minute der öffentlichen Kritik aus, als Mutter.

Sagten Sie nicht mal, daß die zwei nur noch so selten auftauchen, Anja?

Oft genug fürs Kontrolliertwerden, Margret. Gehen wir?

Beide Frauen lachten sich bis zum Verabschieden so durch: das jedenfalls war Anjas Eindruck von sich selber, und der Mittwochabendfreundin schien fast genauso zumute zu sein, nur wirkte sie doch etwas unschuldiger, etwas unmittelbarer. Es war so schade um die Gelegenheit, jemanden gern zu haben. Und gern gehabt zu werden. Und schrecklich schade auch um das Befreiungsgefühl von körperlicher Schwere, wie es sich für die Mittwochabende gehörte. Anja wollte auch heute nicht die Empfindung verpassen, Inhaberin eines doch immer noch zu allem befähigten Organismus zu sein. So sei's und darum: Schluß mit den Empfindlichkeiten, und keine Sticheleien mehr, armes Anjachen, kommandierte es in ihr.

Es ist wirklich kein Problem, diese Dinger veröden zu lassen, liebe Margret: Anja Lenz sprach mit sich selber, während sie den dunkelblauen Austin Mini durch die stillen angenehmen Anliegerbereiche des Südviertels chauffierte. Gleichzeitig prägte sie sich die Topographie der defekten Straßenlampen ein. Es machte ihr immer so viel Spaß, wenn Gottfried Lenz, als grundsätzlich empörter Steuergroschenmissionar und ihr Ehemann, deswegen oder von anderen städtischen Mängeln angefeuert, mit irgendeinem Amt telefonierte. Veröden, veröden. Wahrhaftig, die Krampfadern gehörten mit zum Besten, was so anlag. Anja sah nicht ungern voraus, vom elften des nächsten Monats an wieder ein paar Tage im Klinikum St. Leonhard ausruhen zu können.

Und den Mini würde sie nicht mehr lang durch

die Gegend kutschieren. Ha! Das wäre nächsten Mittwoch ein Gesprächsstoff, hochreißend, ein belebendes Thema. Als Mutter verfügte man eben doch über nicht nachzuahmende Chancen, sich bei der Jugend beliebt zu machen. Oh doch, es gab noch Temperament und Überschwang, nur galt es, Wege zu erforschen, die sich durch diese Steppengebiete von Lust- und Launenlosigkeit zu Quellen, zu Oasen hin bahnten. Anja Lenz gedachte ohne besondere Wärme ihres eigenen rodenden Pfads, der zunächst einmal am Schlinggewächs Ehepartner, Gottfried, Pfennigfuchser blockiert worden war.

Zu irgendwas Greifbarem sollte Tante Julies Erbe doch führen, finde ich wenigstens. Vielleicht hatte Anja sogar ganz wie in ziemlich guten alten Zeiten *Friedel* zu ihrem Mann gesagt, dem jedoch alle möglichen fest- oder leicht verzinslichen Papiere und Pfandbriefe greifbar genug waren. Ich hätte es so schrecklich gern, wenn Mischa schon dadurch Tag für Tag mit einer gewissen Innigkeit an seine Tante dächte, daß er sozusagen ihr Auto, denn es wäre ja dann quasi ihres, anlassen würde und fahren und auftanken und so weiter. Anja Lenz hatte außerdem zu erwägen gegeben, daß sie selber längst in die Jahre für ein etwas komfortableres Gefährt gekommen sei.

Liebe Margret, es ist einfach schön, wenn man eine Bombe wie diese explodieren lassen kann.

Dann erlebt man ihn selbstverständlich noch, den frischen Impuls, mein Mischa und ein eigenes Auto, du lieber Himmel, und ich stelle mir vor, daß eine aufweckende Wirkung für unsern guten, nur leider allzu bequemen Leo dabei noch mitrausspringt.

Den gesamten Umweg über Gottfried lasse ich weg, nahm sie sich vor. Die paralysierenden Einlassungen, damals, als ihr die Idee gekommen war, als sie angekündigt hatte: Du, ich verschenke den Mini an Mischa. Noch schrecklich gut und stimmung-auslöschend erinnerte sie sich an sein: *dazu gehören zwei.* Seine ganzen Dividierereien würde sie Margret Feiertag gegenüber unterschlagen. Einer ahnungslosen, schwangerschaftslosen, frei verfügenden Person würde doch sie, ein Familienzentrum, nicht den Appetit auf das allseits begehrte Ereignis der Partnerschaft verderben. Auf verwandtschaftliches Gezeter und Gezerre, die liebe heilige schöne Kommunikationsfolter. Ach, Gottfried, er war schon ein bisweilen alles Strömende abbremsender Finanzamtsheini, ein Stauwehr, eine Reuse, die ihre paar verbliebenen Luststrudel abfing, ein richtiger Sparkontenguru, und wären Mischa und Leo nicht so taubblind, taubstumm, man bekäme besser heraus, ob sie nun was von ihres Vaters Depositen- und Anleihensinn mitbekommen hatten oder nicht. Anja Lenz hörte bei der 5. erloschenen Lampe mit dem Zählen auf. Ein

Veröder, dieser ehemalige *Friedel.* Aber sie hatte ihn so weit. Morgen würde sie, in Anwesenheit auch des allzu verdienstlosen und deshalb nicht zu verwöhnenden Leo, Mischa die Eröffnung machen.

Margret, ich bin's nur, Anja Lenz, sagte sie am Telefon, nachdem sie Gottfrieds *muß das sein* in einer wie ehelosen, einkommensteuerpflichtigen Kaltblütigkeit mit einem blanken, ledigen, schönen, sturen Ja beantwortet hatte. Auch gut nach Haus gekommen?

Aber ja, Anja, ja, das bin ich. Und Sie? Alles in Ordnung?

Und wie, Margret. Mir fiel nur auf dem Heimweg ein, ich meine, weil diese Jugendproblematik unser Thema war, daß ich – daß morgen – ich wollte sagen, ich könnte Ihnen ein Beispiel liefern, oder besser, Sie könnten mal zuschauen ...

Was ist los, Anja, fragte Margret Feiertag, und so auf die nette Art von Gymnastikfrau zu Gymnastikfrau interessiert klang sie gar nicht. Sie sind aufgeregt, oder? Anja?

Ach was, ich bin nur lebhaft, Margret.

Eins habe ich gelernt, man muß sehr ruhig mit den Jungen sein, ganz und gar ruhig, am besten wie kurz vorm Einschlafen. Fast nichts reden, Anja.

Anja Lenz erwiderte, bei tiefer und tiefer sinkendem Mut, und ihr Mund war auch plötzlich so ausgetrocknet:

Margret, kommen Sie morgen gegen fünf Uhr

nachmittags bei uns vorbei, und ich zeige Ihnen einen absolut temperamentstrotzenden jungen Menschen. Gewiß, er ist normalerweise auch eher – sagen wir stoisch, das trifft es vielleicht. Man kann aber auch die Allerruhigsten aus der Reserve locken. Schauen Sie zu, wenn ich ihm diese Überraschung verpasse: ich schenke ihm nämlich mein kleines Minichen, Sie kennen's ja, und ich hänge an ihm, aber es soll sein.

Soll sein, soll sein, brummelte Gottfried Lenz, soll auch sein, daß der kleine nagelneue Polo schon bereitsteht, hm?

Mischa Lenz, im zweiten Jahr mit einer Rekordhalterin in Gleichmut und Schweigsamkeit auf dem Ehe-ohne-Trauschein-Trip, sah am Donnerstag doch wieder etwas unvergnügter aus, als seine Mutter ihn in ihrer Gemütskartei führte, aber während er noch aus einem Bart, der aufgeweichten Weizenflocken glich, auf den etwas zu imperativ geäußerten Wunsch seines Vaters hin Apfeltortenreste wischte, mit müder Ergebenheit, frohlockte Anja schon seiner alsbaldigen Erwekkung durch ihre Botschaft entgegen. Und dann traf auch Margret Feiertag ein, mit diesem Grund zur Schadenfreude auf dem Kopf, dem wie mit Schuhwichse eingeschwärzten Haar: die beiden jungen Leute würden das mitleidig erschöpft registrieren, dessen war Anja Lenz ganz sicher. Junge Leute schätzten die Anstrengungen älterer Leute, natürliche Prozesse zu vertuschen, überhaupt nicht. Junge Leute waren immer fürs Altwerden. Sogar Leo, der noch weniger sprach als Mischa, hatte vor einigen Jahren zu seiner Mutter gesagt:

Ich find's nicht gut bei dir, daß du diese Dinger trägst.

Anja Lenz war sich damals in Jeans und T-Shirt keck und frisch und zeitlos vorgekommen. Kränkungen wie diese saßen, vor allem bei jemandem, der sich nicht nur um seiner selbst willen darum bemühte, mitzuhalten, auch im Wortschatz. Anja Lenz gewöhnte sich sehr leicht an Ausdrucksweisen.

Wenn das nun nicht echt Klasse ist, stell dir vor, Mischa, dich als Autobesitzer, stark was?

Weil so schnell denn doch keine Reaktion zu erwarten war, wandte Anja Lenz sich nahtlos zu Margret Feiertag und sagte:

Erinnern mich immer an Bran Buds, seine Haare im Gesicht, übrigens, auf Bran Buds verzichte ich neuerdings, ich beiße mir sämtliche Füllungen mit den Dingern aus dem Gebiß.

Dann müssen Sie zum Zahnarzt, aber schleunigst, Anja. Vor einem Zahnarzt gilt so ein Verzicht nicht. Wenn es nach dem Zahnarzt geht, müssen wir Zähne vorweisen, die alles leisten können.

Gott sei Dank habe ich sie nicht vererbt, schlechte Zähne, sagte Anja Lenz.

Und du hast überhaupt nichts vererbt, nicht mal schlechte Zähne, du Opfer der Kosmetikbranche! Im inneren Dialog mit Frau Feiertag duzten sie einander, denn *deine trostlosen Söhne gehn mir ganz schön auf den Geist* hörte Anja jetzt als unausgesprochene Antwort. Sie sahen nicht glücklich aus, ihre armen Kinder da. Ihre Hautfarbe paßte sich trüber Wäsche an. Sie schienen eine lebenslängliche Wette im Erloschensein abgeschlossen zu haben. Warum waren sie nun eigentlich auf der Welt, diese zwei, sie machten die Welt nur noch ein bißchen uninteressanter, beziehungsweise den Platz um sie beide herum, den infizierten sie mit Uninteressantheit. Meine zwei armen Kinder! Zu euch ist mir doch einmal gratuliert worden! Für Mischa bekam ich den Smaragd, für Leo den Topas.

Freut ihr euch eigentlich oder wie? Anja Lenz fand sich aufgeschlossen, weil sie in ihre Frage Mischas in sehr viel Wolle vermummte und ungewiß monströse Bezugsperson einbezog.

Wir müssen das natürlich erst mal durchrechnen, sagte Mischa.

Wie meinst du das, sagte Anja Lenz, während sie anfing, die Einladung an Margret Feiertag zu bereuen.

Unkosten, Aufwand und so weiter. Ob wir das Auto nun als Gewinn betrachten können oder ob's ein Verlustgeschäft wird, sagte Mischa.

Okay, rief Anja, sah keinen Sinn darin außer demjenigen, schnell und modisch auf Draht zu sein.

Das sagt man dreimal hintereinander, Anja. Margret Feiertag machte es ihr vor: Okay okay okay. Machen Sie sich nichts draus, sie meinen es nicht böse, aber ich erlebe die Jungen tagtäglich eben genau auf diese Weise, und nicht mal ein Autogeschenk reißt sie vom Stuhl.

Wieder war die Gymnastikstunde um. Das schwarzgefärbte Haar von Margret Feiertag wirkte, offenbar nach einer Behandlung mit Trockenshampoo, nicht mehr so einhellig. Sag ihr das, riet Anja Lenz sich, sag ihr was Nettes. Es geht um Gemeinsamkeit, es sollte was Herzliches zwischen Menschen sein, irgendwas Lohnendes! Los los, mach einen Liebesanfang.

Sie waren verlegen, alles Understatement, vor allem, wenn Fremde dabei sind, bei einer solchen Szene, Margret, tut mir leid, aber es war nicht besonders schlau von mir, Sie dazu zu bitten.

Ach ja?

Leider. Leider, Margret, und sie haben mir das nachträglich auch gestanden. Nichts für ungut.

Schon in Ordnung.

Sie fahren sowieso am liebsten Rad, jedenfalls meine Söhne, sie sind ziemlich politisch, wissen Sie?

Das ist doch prima, Anja. Sie sollten einfach viel

viel ruhiger werden, glauben Sie mir, wie im Halbschlaf, Sie hätten so tun müssen, als könnten Sie es kaum aussprechen vor lauter Gähnen. Margret Feiertag machte Anja Lenz jetzt vor dem eiförmigen Spiegel vor, und es stand ihr nicht, wie sie einen dieser Jugendlichen mit komischen erledigten Mundbewegungen simulierte: Wollt ihr wahrhaftig, daß ich euch ein Auto andrehe?

Auf einmal fand Anja Lenz den spießigen blöden girlandenumrankten Umkleidespiegel so furchtbar liebenswert, so vertrauenerweckend, so stumm und gleichbleibend. Da gab er, nichts verbessernd, um nichts sich anstrengend, ohne irgendwelches Bemühen, Woche für Woche in einfältiger Gerechtigkeit zwei Frauengesichter wieder, Not und Pein, Hoffnung und Neid, still verödend.

Ihr Haar sieht jetzt gut aus, Margret, sagte Anja Lenz.

Man muß sich nur was einfallen lassen, Anja, sagte Margret Feiertag.

Ich fand es auch vorher nicht übel, Margret, es ging mehr um die Struktur.

So ein Tip kann ganz schön nützlich sein, Anja.

Lieber guter saublöder Spiegel, wir machen schon noch weiter. Ob man aber demnächst zum *Du*-Sagen übergehen sollte, das blieb noch offen.

Die Kaffee-Einladung

Der Damenkaffee in seinen verschiedenen Formen vom Stippbesuch zu einer Tasse Kaffee bis zu der feierlichen Staatshandlung mit Lohndiener ist bei der Damenwelt ebenso beliebt wie bei den Herren berüchtigt. Viele Ehemänner verbieten es ihren Frauen sogar, solche Kaffee- oder, wie sie sich vorahnend ausdrücken, Klatschgesellschaften zu geben. Immerhin ist er für das Sichnähertreten, zum Bekanntwerden der Frauen von nicht zu unterschätzender Bedeutung. Er ist für die Frau, was der Frühschoppen, der Klubbesuch für den Mann ist: das Zusammensein mit Gesellschaftsgenossen und – seien wir einmal boshaft – mit Leidensgefährten.

Zur Kaffeegesellschaft deckt man einen runden oder ovalen Salontisch vor einem Sofaplatz. Bunte, eigenartig bestickte oder gewebte Gedecke, welche die feierliche Tafel verbannt, erlaubt der Kaffeetisch um so eher. Über ein weißes Tischtuch breitet man noch eine kleine, viereckige, reichgestickte Decke. In zierlichen Kuchenschüsseln aus Porzellangeflecht in Meißenergeschmack oder aus Silber ordnet man die einzelnen Gebäckstückchen und Kuchenscheiben. Letztere zu groß zu schneiden, sieht prahlerisch aus, das übertriebene Gegenteil könnte sparsam, geizig erscheinen. Der

Kaffee wird im Nebenzimmer zubereitet, die gefüllten Tassen werden, auf einem hübschen Teebrett stehend, von der Bedienung angeboten. Ein kleines Brett mit Zucker und Rahm wandert gewöhnlich von Hand zu Hand. Likör oder Kognak, welche nach einem Mittagessen auch den Damen angeboten werden, fehlen. Der Tisch wird mit frischen Blumen in Schalen oder Vasen geschmückt. – Die eintretenden Gäste, denen die Hausfrau entgegengeht, werden in einem andern, steht ein solches nicht zur Verfügung, im gleichen Zimmer empfangen und an den Kaffeetisch gebeten. Nachzügler haben sich bei der Hausfrau zu entschuldigen, begrüßen die Damen, die je nach dem Alter sitzend oder aufstehend die Begrüßung annehmen, und begeben sich an den Platz, den ihnen die Hausfrau anweist. Kaffee und Kuchen wird zweimal angeboten. Alsdann entfernt die Dienerschaft, vielleicht unterstützt von der Tochter des Hauses, geräuschlos das Kaffeegeschirr. Die Wirtin schlägt eine andere Unterhaltung vor, es wird musiziert, man besieht Bilder, Mappen oder andere Kunstschätze des Hauses, bewegt sich zwanglos in den Zimmern, oder die Handarbeit wird hervorgeholt. Man hüte sich aber, Arbeiten mitzubringen, welche viel Raum beanspruchen oder unsere Aufmerksamkeit so in Anspruch nehmen, daß wir uns nur in beschränktem Maße der übrigen Gesellschaft widmen können.

Diesem Grundsatz wird leider sehr viel entgegengehandelt, und doch ist das Zusammensein, der Gedankenaustausch in diesem Fall die Hauptsache, die Arbeit nur eine spielende Beschäftigung für die Finger.

O. HENRY

Das Pendel

«Einundachtzigste Straße – bitte aussteigen lassen», schrie der blaugekleidete Schafhirt.

Eine Herde von Bürger-Schafen kletterte eilig hinaus, eine andere Herde kletterte hinein. Ding – ding! Die Viehwagen der Hochbahn von Manhattan ratterten davon, und John Perkins ließ sich mit der befreiten Herde der Ausgestiegenen die Stufen der Haltestelle hinuntertreiben.

John ging langsam auf seine Wohnung zu. Langsam, denn im Lexikon seines täglichen Lebens gab es kein «vielleicht». Auf einen Mann, der zwei Jahre verheiratet ist und in einer Mietwohnung wohnt, warten keine Überraschungen. Während John Perkins dahin ging, prophezeite er sich selbst mit düsterer und zynischer Niedergeschlagenheit, wie der monotone Tag weitergehen würde.

Katy würde ihn an der Tür mit einem Kuß begrüßen, der nach Coldcreme und Rahmbonbons schmeckte. Er würde den Mantel ablegen, sich auf die steinharte Chaiselongue setzen und in der Abendzeitung über Russen und Japaner lesen, die von der mörderischen Setzmaschine hingemetzelt worden waren. Zum Abendessen würde es einen Rindsbraten geben, Salat, der mit einer Soße angemacht war, die garantiert keine Flecken auf Leder machte, gekochten Rhabarber und das Glas mit Erdbeermarmelade, die darüber zu erröten schien, daß auf ihrem Etikett ihre chemische Reinheit garantiert wurde. Nach dem Essen würde Katy ihm das neue Stück für ihre Flickendecke zeigen, das der Eismann für sie von seiner Krawatte abgeschnitten hatte. Um halb acht würden sie die Möbel mit Zeitungen abdecken, um den Putz aufzufangen, der herunterrieselte, wenn der dicke Mann in der Etage über ihnen mit seinen Freiübungen anfing. Pünktlich um acht würden Hickey und Mooney, das Varietéduo (ohne Engagement) in der Wohnung auf der anderen Seite des Flurs unter dem sanften Einfluß von Delirium tremens anfangen, mit Stühlen um sich zu werfen. Sie litten dann unter der Wahnvorstellung, Hammerstein verfolge sie mit einem Kontrakt über fünfhundert Dollar in der Woche. Dann würde der Kerl an dem Fenster auf der anderen Seite des Luftschachtes seine Flöte herausholen. Das Gas aus dem allnächtlichen

Rohrbruch würde emporsteigen, um sich in den Straßen zu verlustieren. Wieder würde der Geschirrwagen von seinen Rädern rutschen, der Hausmeister würde Mrs. Zanowitzkis fünf Kinder noch einmal über die geheiligte Grenze zurücktreiben; die Dame mit den champagnerfarbenen Schuhen und dem Skye-Terrier würde nach unten trippeln und ihren Donnerstagsnamen neben ihre Klingel und auf ihren Briefkasten kleben – die abendliche Routine in den «Frogmore-Flats» würde ihren Lauf nehmen.

John Perkins wußte, daß all das geschehen würde. Und er wußte, daß er sich um Viertel nach acht ein Herz fassen und nach seinem Hut greifen würde und daß seine Frau in quengelndem Ton die folgende Rede halten würde:

«Wo gehst du denn jetzt wieder hin, John Perkins, das möchte ich mal wissen.»

«Ich dachte mir, ich schau mal bei McCloskey vorbei», würde er antworten, «und mache vielleicht ein Spielchen mit den Kumpels.»

Seit kurzem war das John Perkins zur Gewohnheit geworden. Um zehn oder elf würde er nach Hause kommen. Manchmal schlief Katy schon, manchmal war sie noch auf und bereit, im Feuer ihres Zorns wieder ein Stückchen der Vergoldung der stählernen Ehekette schmelzen zu lassen. Für diese Dinge wird Cupido sich einmal verantworten müssen, wenn er zusammen mit seinen Opfern aus den «Frogmore-Flats» vor den Richterstuhl tritt.

Aber als John Perkins an diesem Abend seine Tür öffnete, schien ein Erdbeben alles Erwartete über den Haufen geworfen zu haben. Keine Katy empfing ihn mit ihrem herzlichen Bonbonkuß. Die Unordnung in den drei Zimmern verkündete Unheil. Katys Sachen lagen überall verstreut. Schuhe mitten auf dem Fußboden, Lockenschere, Haarschleifen, Kimonos, eine Puderdose, alles bedeckte Kommode und Stühle in wildem Durcheinander – das war nicht Katys Art. Mit sinkendem Mut bemerkte John eine Wolke von braunem Haar zwischen den Zähnen des Kammes. Sie mußte in einer ungewöhnlichen Hast und Verwirrung gewesen sein, denn sie steckte das ausgekämmte Haar immer sorgfältig in die kleine blaue Vase auf dem Kaminsims; eines Tages sollte daraus der begehrte falsche Zopf entstehen.

Ein zusammengefaltetes Papier war gut sichtbar mit einem Bindfaden am Gashahn befestigt. John griff danach. Es war eine Nachricht seiner Frau, die folgendermaßen lautete:

Lieber John,
Ich habe eben ein Telegramm bekommen, daß Mutter sehr krank ist. Ich nehme den Zug um 4.30. Mein Bruder Sam holt mich am Bahnhof ab. Im Eisschrank ist kalter Hammelbraten. Ich hoffe,

es ist nicht wieder ihre Halsentzündung. Bezahl dem Milchmann 50 Cent. Sie hatte sie voriges Frühjahr sehr schlimm. Vergiß nicht wegen des Zählers an das Gaswerk zu schreiben, Deine guten Socken sind in der obersten Schublade. Ich schreibe morgen.

In Eile *Katy*

Während der zwei Jahre ihrer Ehe waren er und Katy noch nie eine Nacht getrennt gewesen. John las den Zettel noch einmal. Er war ganz verwirrt. Die unveränderliche Routine hatte einen Bruch bekommen, und er war wie betäubt.

Über einer Stuhllehne hing, rührend leer und formlos, die rote Kittelschürze mit den schwarzen Punkten, die sie immer beim Kochen anhatte. Ihre Werktagskleider hatte sie in der Eile überallhin verstreut. Das Tütchen mit ihren geliebten Rahmbonbons war ungeöffnet. Eine Tageszeitung lag ausgebreitet auf dem Boden, dort, wo der Zugfahrplan herausgeschnitten worden war, klaffte ein viereckiges Loch. Alles im Zimmer schien von einem Verlust zu sprechen, von einem Wesen, das verflogen war, von einer Seele und einem Leben, die verschwunden waren. John Perkins stand mit einem seltsamen Gefühl des Verlassenseins zwischen den toten Überbleibseln.

Er fing an, das Zimmer, so gut er konnte, aufzuräumen. Als er ihre Kleider berührte, fuhr ihm etwas wie Schrecken durch die Glieder. Er hatte nie daran gedacht, wie das Leben ohne Katy sein würde. Sie war so mit seinem Leben verwachsen, sie war wie die Luft, die er atmete – notwendig, aber kaum bemerkt. Jetzt war sie ohne Ankündigung verschwunden, weg – so vollständig abwesend, als hätte sie nie existiert. Natürlich würde es nur ein paar Tage dauern, höchstens eine oder zwei Wochen, aber es kam ihm so vor, als hätte die Hand des Todes selbst mit einem Finger auf sein sicheres und ereignisloses Heim gezeigt.

John zerrte den kalten Hammelbraten aus dem Eisschrank, machte Kaffee und setzte sich zu einem einsamen Mahl nieder. Das Marmeladenglas mit seiner schamlosen Reinheitsgarantie leistete ihm Gesellschaft.

In der Erinnerung strahlten unter den verschwundenen Gütern hell die Bilder von Rindsbraten und Salat in einer Soße, die nach Möbelpolitur schmeckte. Sein Heim war zerstört. Eine Schwiegermutter mit Halsentzündung hatte seine Hausgötter über den Haufen geworfen.

Er hatte keine Lust zu rauchen. Draußen brauste die Stadt und lockte ihn, sich in den Reigen von Torheit und Vergnügen einzureihen. Die Nacht gehörte ihm. Er konnte weggehen, ohne daß er eine Frage beantworten mußte, er konnte auf die Pauke hauen, so frei wie irgendein lustiger Junggeselle dort draußen. Er konnte trinken, soviel er wollte, einen fröhlichen Zug machen bis zum Morgengrauen, wenn er Lust dazu hatte. Keine zornige Katy würde ihn erwarten und ihm den Kelch mit dem Satz seiner Freude darbieten. Er konnte bei McCloskey mit seinen lärmenden Freunden Karten spielen, bis das Morgenrot das elektrische Licht verblassen ließ. Die Ehefesseln, die er immer gespürt hatte, wenn er sich den öden Frogmore-Flats näherte, waren gelockert. Katy war weg.

John Perkins war nicht gewohnt, seine Gefühle zu analysieren. Aber als er da in seinem drei mal vier Meter großen Wohnzimmer saß, in dem es keine Katy mehr gab, traf er doch sofort und ohne sich zu irren den Grundton seines Mißbehagens. Er wußte jetzt, daß er Katy zu seinem Glück brauchte. Sein Gefühl für sie, in der langweiligen Routine der Häuslichkeit eingeschläfert, war durch den Verlust ihrer Gegenwart mit einen Ruck erwacht. Ist es uns nicht durch Sprichwort und Predigt und Fabel eingebleut worden, daß wir das Lied erst schätzen, wenn der Vogel mit der süßen Stimme weggeflogen ist – ist es uns nicht mit diesem und anderen gleich blumigen und wahren Worten gesagt worden?

«Ich bin ein Riesenrindvieh», überlegte John Perkins. «Wie habe ich Katy behandelt! Jeden Abend weg und mich mit den Kumpels rumgetrieben, statt bei ihr zu Hause zu bleiben. Das arme

Mädel hat hier ganz allein gesessen ohne jede Abwechslung, und ich hab mich so benommen! John Perkins, du bist ein ganz blöder Angeber. Aber ich werd's dem armen kleinen Mädchen wiedergutmachen. Ich führe sie aus, damit sie auch ihr Vergnügen hat. Und mit der Bande bei McCloskey mach ich sofort Schluß.»

Ja, draußen brauste und lockte die Stadt, John Perkins solle sich einreihen in den Zug des Momus. Und bei McCloskey stießen die Jungens die Bälle müßig in die Löcher und warteten auf das abendliche Spiel. Aber kein Rosenpfad und kein klickender Queue konnten die Seele des beraubten Perkins verlocken. Etwas, das ihm gehört hatte, das er mit loser Hand gehalten und halb verachtet hatte, war ihm genommen worden, und er verlangte danach. In seiner Reue konnte Perkins seine Abstammung bis auf einen Mann namens Adam zurückverfolgen, den der Cherub aus dem Obstgarten geschmissen hatte.

Rechts von John Perkins stand ein Stuhl. Über der Lehne hing Katys blaue Hemdbluse. Katys Formen hatten Abdrücke darin hinterlassen. In der Mitte der Ärmel waren feine Fältchen, die die Bewegung ihrer Arme dort hinterlassen hatte, ihrer Arme, die für sein Wohlbefinden und sein Vergnügen sich mühten. Ein zarter, aber deutlicher Duft von Glockenblumen stieg von dem Kleidungsstück auf. John nahm es in die Hand und betrachtete lange und nüchtern den stummen Wollstoff. Katy hatte ihn nie zurückgewiesen. Tränen – ja Tränen – kamen John Perkins in die Augen. Wenn sie zurückkam, würde alles anders werden. Er würde sie für seine Vernachlässigung entschädigen. Was war ein Leben ohne sie?

Die Tür öffnete sich. Herein kam Katy mit einem kleinen Handköfferchen. John starrte sie ungläubig an. «Mein Gott! Bin ich froh, wieder hier zu sein», sagte Katy. «Mama war gar nicht so krank. Sam war am Bahnhof und sagte, es sei nur ein kleiner Anfall gewesen, und nachdem sie telegraphiert hatten, ging es schnell wieder vorbei. Ich habe also den nächsten Zug zurück genommen. Ich sehne mich nach 'ner Tasse Kaffee.»

Niemand hörte das Klicken und Rasseln der Zahnräder, als im dritten Stock, Vorderhaus, in den «Frogmore-Flats» die Maschine sich wieder auf «Die Tagesordnung» einstellte. Ein Förderriemen verschob sich, eine Feder wurde berührt, der Gang wurde eingestellt, und die Räder drehten sich in ihrem alten Takt.

John Perkins blickte auf die Uhr. Es war 8.15. Er griff nach seinem Hut und ging zur Tür –

«Wo gehst du denn hin, John Perkins, das möcht ich doch gern mal wissen?» fragte Katy in quengelndem Ton.

«Ich denke, ich schau mal bei McCloskey vorbei», sagte John, «und mach ein Spielchen mit den Jungens.»

THEODOR FONTANE

Die goldene Hochzeitsreise

Sie war siebzig, er fünfundsiebzig. Die goldene Hochzeit war am Tage vorher unter Kindern und Enkeln (selbst ein Urenkelchen; mit Übergehung eines in einem weiß und blauen Korbwagen gebetteten Urenkels), eine Woche vorher im Kreise der Kinder und Enkel gefeiert worden, und zu Beginn des siebenten Tages sagte der Hochzeiter: «Alte, alles ist abgereist, wohin reisen wir?»

Der Alten leuchtete das Gesicht, und sie sagte: «Das ist recht, ich habe auch schon so was gedacht. Reisen. Ja, reisen; das hab ich all mein Lebtag geliebt und bin so wenig dazu gekommen. Weißt du, Alter, laß uns die Hochzeitsreise machen, die wir vor 50 Jahren gemacht haben. Wir wollen sehen, was sich seitdem verändert hat, die Welt oder wir.»

«Ich fürchte, wir», sagte er.

«Wer weiß», sagte sie, denn sie wußte sich was,

daß sie fünf Jahre jünger und eine frische Frau war. So frisch wie die weiße Bandhaube, die sie trug.

«Abgemacht.»

Und am neunten Tag fuhren sie gen Italien, und den zwölften Tag saßen sie um Mitternacht mit jungem, schwatzenden Volk in einer großen Hotel-Gondel und fuhren den Canale Grande hinunter, unter dem Rialto fort, an dem Palazzo Falieri vorbei und kaum hundert Schritt vor der Lagune in einen Seitenkanal hinein. An einer Wassertreppe landeten sie und stiegen das hell erleuchtete Hotel hinauf bis in den dritten Stock. «Hochzeitspaare steigen hoch», sagte der Alte, und sie traten ans Fenster und sahen über dem Häuserwirrwarr vor sich die Kuppelspitze von San Marco und die schlanke Spitze des Campanile. Zwischen beiden stand die halbe Mondscheibe. «Wie sonst», sagte er. «Unverändert.»

Sie gehen nun auf den Markusplatz. Vor die Lauben. Kaffee. Die Tauben von San Marco. So saßen sie. Dann sagte er: «Findest du einen Unterschied?»

«Ja, Herz.» Er sah sie fragend an. «Damals stritten wir uns. Es war alles anders, als ich erwartet hatte; ach, junge Frauen!

Sie sind launenhaft. Und in den ersten acht Tagen am meisten. Den Himmel, den sie geträumt haben, finden sie nicht. Er ist auch Erde; sehr Erde. Und ich war keine Ausnahme, Herz. Du sagtest: Sieh die schöne Person, die die Tauben füttert. Es muß eine Engländerin sein. Das reizte mich. Und wir waren erzürnt. Sieh, dort steht wieder eine. Wie schön sie ist.»

Sie besuchen nun die «Academia». Tintoretto. Das Bild von der «Ehebrecherin». Erinnerung an den alten Streit. Er hatte über den Ausdruck des Gesichts spöttische Bemerkungen gemacht. Das hatte sie übelgenommen. So: Und sie sagte, als sie vor dem Bilde standen: «Ich glaube, Herz, du hattest recht.» Er lächelte. Denn deutlich stand die Szene vor seiner Seele.

Table d'hôte. Er erhält den Platz oben. Sie saßen neben einer englischen Familie, alte und junge Leute. Früher ängstlich, jetzt sicher. Sie befreunden sich. Sie kommen spät von einer gemeinschaftlichen Ausfahrt zurück. Die berühmten Räucherkerzchen brennen. Sie plaudern noch. «Wie man, wenn man ruhiger geworden ist, die Menschen anders ansieht. Mir waren die Engländer verhaßt. Damals hatte ich den Streit mit ihnen. Jetzt lieb ich sie. Wenigstens diese. Welche netten, feinen Leute.»

Nun der andre Tag. Fahrt nach dem Lido oder nach Murano oder nach einer anderen Insel. «Damals sagtest du: Wie langweilig. Ich bin müde. Laß mich hier. Ich bin angegriffen. Das viele Sehen. Das viele Laufen. Laß mich.»

Dann vor der «Assunta». Sie schweigen sich aus. Dann nach Haus. Er blieb unten und plauderte. Sie ging früher hinauf, um an die Kinder zu schreiben. Nun schreibt sie an ihre älteste Tochter. Der Brief drückt das Glück des Alters aus. Erinnerung an Bogumil Goltz. Das ist jetzt zwanzig Jahre her; ich war damals noch frisch und munter, und ich erschrak über seine Worte und ängstigte mich. Er hat unrecht gehabt. Man muß sein Leben nur richtig einrichten. Und von dem Alter nicht das verlangen, was der Jugend gehört. Es fällt vieles von uns ab, aber das, was bleibt, ich sag es Dir zum Trost und zur Erhebung, meine liebe Helene, das ist das bessere Teil, und vor allem auch das glücklichere. Jede Stunde läßt uns jetzt die Vergleiche ziehen, denn wir treten vor all die alten Dinge, und wir vergleichen zwischen damals und jetzt. Und der Vergleich fällt nicht zum Schlimmen aus. Ein neues Leben ist mir in meinem Alter aufgegangen. Heute waren wir in der «Academia», einer Sammlung, die unsern Museen entspricht. Diese Sammlung birgt viel Schönes, nichts Schöneres aber als ein Bild von Tizian: «Die Himmelfahrt Marias». Sie nennen es die «Assunta». Wir sahen es auch vor fünfzig Jahren. Ich starrte es an, fand es zu dunkel, zu katholisch und ich weiß nicht was. Ich hatte kein Verständnis für die Tiefe, die sich hier erschließt. Nun hab ich sie. Nun folgt eine ganz kurze, einfache, aber begeisterte Schilderung des Kopfes der Maria und des Ausdrucks der Verklärung, das allem Irdischen Abgekehrte, es liegt hinter ihr. Ach, in unsern Jahren, meine geliebte Tochter, versteht man es. Damals verstand ich es nicht. Wir bleiben noch drei Tage, dann gehen wir über Brescia und Bergamo an den Comer See, wo wir die alten Tage auch wieder aufsuchen wollen. Und dann zurück zu Euch. Begleitet uns mit Euren freundlichen Gedanken und begleitet Eure Alten. Mein liebes Kind, Deine alte Mama.

Er kam herauf. «Hast du geschrieben?» – «Ja.» – «Darf ich es lesen?» – «Ja», und er las. Er nahm die Feder und schrieb darunter: «Just so.» Dann gab er der Alten einen Kuß, und sie gingen auf den Markusplatz, um die Dämmerstunde und die Gondeln abzuwarten.

Lob der Freundschaft

Nicht auf die Schwalbe, die des Frühlings
Botschaft bringt
Und von der ewigen Erneuung Lieder singt,
Freu ich so sehr mich als auf einen
Freundesgruß,
Der das mir bringt, was ich zum Leben
haben muß.

Friedrich Rückert

Ein wahrer Freund
trägt mehr zu unserem Glück bei
als tausend Feinde
zu unserem Unglück.

Marie von Ebner-Eschenbach

Dein wahrer Freund ist nicht,
wer dir den Spiegel hält
der Schmeichelei'n,
worin dein Blick sich selbst gefällt.
Dein wahrer Freund ist,
wer dich sehn läßt deine Flecken,
und sie dir tilgen hilft,
eh Feinde sie entdecken.

Christian Dietrich Grabbe

QUELLENVERZEICHNIS

An dieser Stelle danken wir den nachstehenden Rechtsinhabern, die uns freundlicherweise den Nachdruck folgender Beiträge gestatteten: Arche Verlag, Zürich: *William Saroyan · Der große Bockspringen-Wettkampf* aus: «Rosie – Erheiternde Geschichten über eine Bockspringerin»); Hanser Verlag, München: *Gerd Gaiser · Die schlesische Gräfin* (aus: «Einmal und oft», Erzählungen, 1956); Kiepenheuer & Witsch Verlag, Köln: *Katherine Mansfield · Miss Brill* (aus: «Sämtliche Erzählungen», Band 1, 1980); Luchterhand Verlag, Darmstadt: *Gabriele Wohmann · Zwei Frauen im Spiegel* (aus: «Einsamkeit», 1982); Scherz Verlag, Bern und München: *Liv Ullmann · Rückkehr* (aus: «Wandlungen»); Walter Verlag, Olten: *O. Henry · Das Pendel* (aus: «Der Ruf der Posaune und andere Erzählungen»); Zsolnay Verlag, Wien: *Colette · Reisen* (aus: «Sonntagslaune und andere Erzählungen», 1988) und *Brigitte Schwaiger · Menthinen* (aus: «Mein spanisches Dorf», 1978).

In jenen Fällen, in denen es nicht möglich war, den Rechtsinhaber resp. Rechtsnachfolger zu eruieren, konnte ausnahmsweise keine Nachdruckerlaubnis eingeholt werden. Honoraransprüche der Autoren oder ihrer Erben bleiben gewahrt.

KLEINE BETTLEKTÜRE FÜR MENSCHEN MIT LIEBHABEREIEN

Angler · Autofahrer

Bergsteiger · Bierkenner

Blumenfreunde · Bücherfreunde

Computerfreaks · Eisenbahnfreunde

Fahrradfreunde · Fußballer

Gartenfreunde · Golfer

Hobbyköche · Hundefreunde

Kaffegenießer · Katzenfreunde

Musikfreunde · Naturfreunde

Opernfreunde · Pfeifenraucher

Pferdefreunde · Reiselustige

Segler · Teddybärenfreunde

Teetrinker · Tennisfans

Theaterfreunde · Tierfreunde

Wanderer · Wasserratten

Weinkenner

KLEINE BETTLEKTÜRE
ALS AUFMERKSAMKEIT UND
HERZLICHES DANKESCHÖN FÜR

Dich, mein Herz · Dich, mein Schatz

meine liebe Frau · die werdende Mutter

meine liebe Mutter · vielgeplagte Mütter

Frauen mit Herz und Verstand · Frauen mit Charme

meinen lieben Mann · den besten aller Väter

die allerbeste Großmutter

den verständnisvollen Großvater

die beste aller Schwiegermütter

meinen lieben Schwiegersohn

meine liebe Schwägerin · meinen lieben Schwager

meine liebe Tante

meine liebe Schwester · meinen lieben Bruder

eine gute Freundin · einen guten Freund

Männer mit Phantasie und Tatkraft · kluge Köpfe

Strohwitwer

liebenswürdige Gastgeber

die sympathische Kollegin · den netten Kollegen

den klugen Juristen

den wahren Lebenskünstler · den Linkshänder

einen lieben Mitmenschen · nette Nachbarn

KLEINE BETTLEKTÜRE FÜR

Alter-Fritz-Kenner · Bach-Freunde
Beethoven-Bewunderer · Brahms-Freunde
Wilhelm-Busch-Freunde · Ebner-Eschenbach-Freunde
Fontane-Freunde · Goethe-Freunde
Martin-Luther-Verehrer · Mozart-Verehrer
Storm-Kenner · Wagner-Verehrer

KLEINE BETTLEKTÜRE ALS HERZLICHE AUFMERKSAMKEIT FÜR EINEN BESONDEREN ANLASS

zur guten Besserung
als herzliches Dankeschön
als Gratulation zum Erfolg · für einen guten Start
zum freudigen Ereignis · zum Einzug in das neue Heim
für liebenswerte Geburtstagskinder
mit guten Wünschen zum 33., 40., 44.,
50., 55., 60., 65., 66., 70. Geburtstag
als Glücksbringer · zum Hochzeitstag
mit den schönsten Liebesgedichten
zur silbernen Hochzeit
für ein glückliches Leben zu zweit
für ein glückliches Leben im Ruhestand
zur Frühlings- und Osterzeit
für alle, die sich auf Weihnachten freuen
mit den besten Wünschen zum Jahreswechsel

KLEINE BETTLEKTÜRE FÜR EINHEIMISCHE UND ZUGEWANDERTE

zwischen Nordsee, Main und Mosel

Bergisches Land	Lüneburger Heide
Bonn	Mülheim
Düsseldorf	Niederrhein
Essen	Niedersachsen
Friesland	Ostfriesland
Hamburg	Recklinghausen
Hanseaten	Ruhr-Revier
Harz	Sauerland
Hessen	Schleswig-Holstein
Kassel	Sylt
Köln	Westfalen

zwischen Alpen, Main und Mosel

Baden	Pfalz
Bayern	Saarland
Bodensee	Schwaben
Franken	Schwäbische Alb
Heidelberg	Schwarzwald

zwischen Böhmerwald und Ostsee

Altmark

Berlin

Brandenburg

Cottbus

Greifswald

Dessau

Dresden

Erfurt

Erzgebirge

Frankfurt/O.

Leipzig

Magdeburg

Mecklenburg

Oberlausitz

Ostpreußen

Pommern

Potsdam

Rostock

Rügen

Sachsen

Sachsen-Anhalt

Schlesien

Schwerin

Stralsund

Sudeten

Thüringen

Usedom

Weimar

Wismar

KLEINE BETTLEKTÜRE MIT MUNDARTLICHEN LECKERBISSEN FÜR:

Leit, de wo no Bairisch kena

alle Berliner, die nischt uff ihre Schnauze
kommen lassen

Leut, die e hessisch Herz
uff de Zung habbe

leeve Lück, die jän Kölsch
verzälle

Lüüd, de gern 'n beeten
Plattdütsch snackt

Lüd, de gern met Fritz Reuter 'n
beeten Plattdütsch snackt

Leute, die noch Schlesisch 'räda
wie derrheeme'

Leit' die grad mit Fleiß no
Schwäbisch schwätzet

Lüde ut Westfaolen,
de gärn plattdütsk küert